BRUNO MUGNAI - LUCA S. CRISTINI

L'ESERCITO IMPERIALE AL TEMPO DEL PRINCIPE EUGENIO DI SAVOIA 1690-1720 - LA FANTERIA (1)

THE IMPERIAL ARMY IN THE AGE OF PRINCE EUGENE OF SAVOY - THE INFANTRY (1)

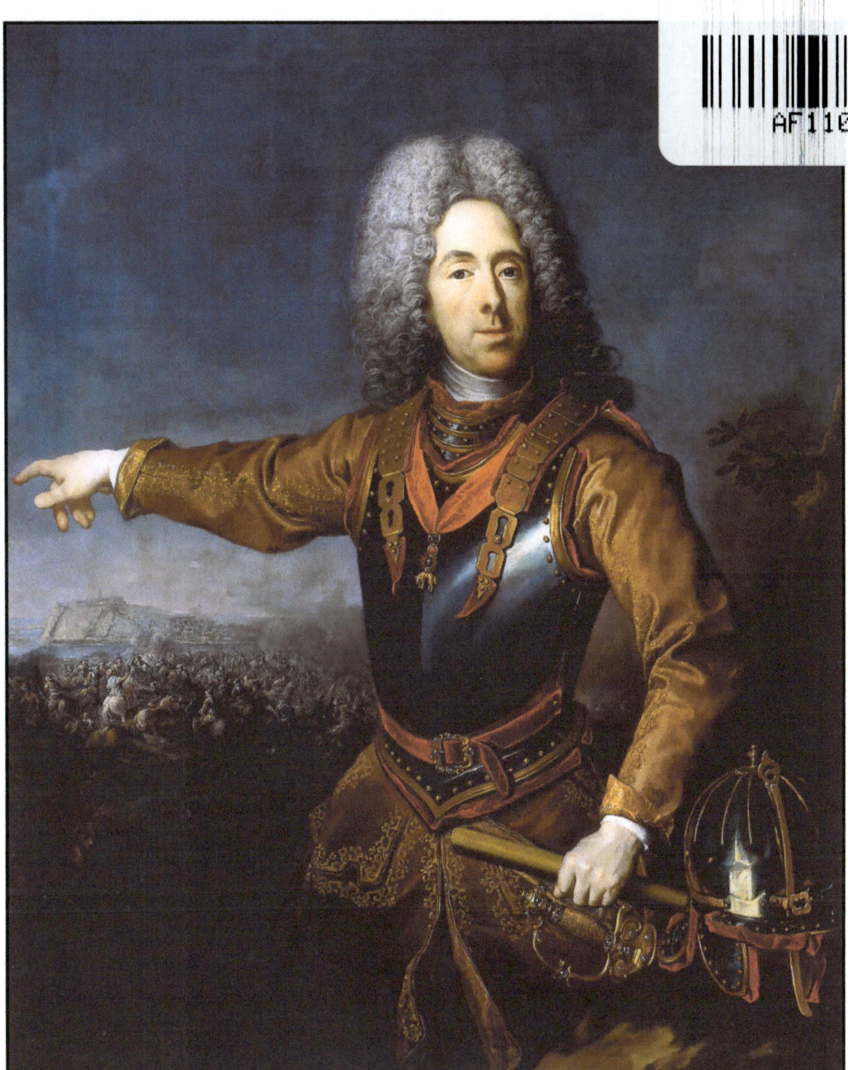

SOLDIERS&WEAPONS 001

AUTORI - AUTHORS:

Bruno Mugnai è nato a Firenze nel 1962 e ci vive con Silvia, Chiara ed Eugenio. Appassionato di storia militare fin da giovanissimo, ha pubblicato due libri sull'esercito ottomano dal 1645 al 1718; è inoltre autore di saggi sulle campagne italiane della guerra di Successione Spagnola e di articoli di uniformologia e storia militare del Seicento e del Settecento. Ha pubblicato per l'Ufficio Storico dell'esercito italiano una monografia sulle istituzioni militari dello stato di Lucca nell'Ottocento e per lo stesso editore ha completato un analogo contributo sull'esercito del granducato di Toscana dal 1737 al 1799. Con Luca Cristini ha collaborato alle illustrazioni dei due volumi dedicati alla guerra dei Trent'anni e alla realizzazione di diversi titoli della serie Soldiershop.

Luca Stefano Cristini, bergamasco, appassionato da sempre di storia militare. Dirige da diversi anni riviste nazionali specializzate di carattere storico uniformologico. Ha collaborato con l'editore Albertelli e De Agostini. Ha pubblicato un importante lavoro, su due tomi, dedicato alla guerra dei 30 anni (1618-1648) e uno studio in tre volumi sull'esercito imperiale nell'età di Eugenio di Savoia, scritto con B.Mugnai. Ha firmato molto titoli delle collane Soldiershop.

NOTE AI LETTORI - PUBLISHING'S NOTE

Tutto il contenuto dei nostri libri, in qualsiasi forma prodotti (cartacei, elettronici o altro) è copyright Soldiershop.com. I diritti di traduzione, riproduzione, memorizzazione con qualsiasi mezzo, digitale, fotografico, fotocopie ecc. sono riservati per tutti i Paesi. Nessuna delle immagini presenti nei nostri libri può essere riprodotta senza il permesso scritto di Soldiershop.com. L'Editore rimane a disposizione degli eventuali aventi diritto per tutte le fonti iconografiche dubbie o non identificate. I marchi Soldiershop Publishing ©, e i nomi delle nostre collane - Soldiers&Weapons, Battlefield e War in Colour sono di proprietà di Soldiershop.com; di conseguenza qualsiasi uso esterno non è consentito.

None of images or text of our book may be reproduced in any format without the expressed written permission of Soldiershop.com. The publisher remains to disposition of the possible having right for all the doubtful sources images or not identifies. Our trademark: Soldiershop Publishing ©, The names of our series: Soldiers&Weapons, Battlefield, War in colour, PaperSoldiers, Soldiershop e-book etc. are herein © by Soldiershop.com.

SOLDIERS&WEAPONS

La principale delle nostre collane di libri. Dedicata alla storia militare, alle uniformi e alle armi dei grandi eserciti del passato. Basata su testi di 68-80 pagine con diverse tavole a colori nelle pagine centrali e molte illustrazioni in b/n.

Italian language but all the note to images and central colour plates are also in English !

ISBN: 978-88-9327-046-5   1st edition: 2011 - Novembre 2011 2a ristampa - Febbraio 2016 3a ristampa
Title: Soldiers&Weapons 001 - L'esercito Imperiale al tempo del Principe Eugenio di Savoia 1690-1720. La Fanteria (1) di Bruno Mugnai e Luca Stefano Cristini.
Editor: Soldiershop publishing. Cover & Art Design: Luca S. Cristini. Illustrazioni a colori di Bruno Mugnai e Luca Cristini.

Printing by Createspace print on demand 2016

In copertina : **Fanteria Imperiale 1698-1720**
Cover: Imperial infantry 1698-1720.

PREFAZIONE

E' con un certo orgoglio che vado a presentare questi tre volumi dedicati alla fanteria dell'esercito imperiale del tempo del principe Eugenio di Savoia. I primi stampati dalla nostra casa editrice Soldiershop Publishing. Si tratta dell'immane e bellissima fatica realizzata dal valente storico fiorentino Bruno Mugnai. Opera che per quasi 20 anni è rimasta per varie sfortunate ragioni, nascosta e dimenticata nel fondo di un cassetto. Appena ne sono venuto in possesso mi sono immediatamente dato da fare per pubblicarla. Ovviamente dopo tanto tempo il materiale andava un pò rivisto, selezionato e classificato (poco per la verità), le belle tavole a colori (definite un pò "naif" dall'autore) sono state da me tutte restaurate, rielaborate e rese più vive e accese. In altri casi completamente ridipinti i disegni al tratto. Così come opera mia sono pure l'aggiunta di due capitoli dedicati il primo alla figura del grande comandante sabaudo e l'altro alla cronistoria breve della guerra di successione spagnola, principale avvenimento storico militare del periodo che il libro vuole prendere in esame. Ed ancora tutta la ricerca, l'aggiunta e la classificazione delle tavole non originali, quindi decine di immagini, foto, quadri e stampe d'epoca. Per il resto tutta la gloria va giustamente all'amico Bruno. La speranza è ora che insieme si possa mettere in cantiere il restante: vale a dire la cavalleria, l'artiglieria e i corpi sussidiari degli Asburgo, in modo da fornire un opera completa ed inedita sull'uniforme, la storia e il costume di quell'importante protagonista della storia di quegli anni che fu l'armata imperiale guidata dal grande Eugenio di Savoia.

Luca Cristini

Argomentare sull' organizzazione e soprattutto sull'abbigliamento di un esercito fra il XVII e il XVIII secolo, significa, per almeno il 50% del lavoro, agire sulla base di analogie. La restante metà é rappresentata da fonti iconografiche sulle quali é necessario un approfondito esame per ripulirle dalle sovrapposizioni di epoca posteriore, dagli errori di interpretazione e dalle raffigurazioni idealizzate, tanto care agli artisti dell'epoca, che tendevano spesso a rappresentare soldati e generali in atteggiamenti da antichi romani.

A quanto mi risulta, un lavoro che trattasse nel suo complesso l'esercito imperiale al tempo del grande capitano sabaudo, era ancor quanto restava da fare, nonostante l'abbondante letteratura esistente sul grande capitano. Di tutti gli autori che si sono occupati delle guerre fra la fine del XVII secolo e gli inizi del XVII, due meritano di essere ricordati per la lezione, 'filologica' che hanno formulato, dimostrando che la 'lectio facilis' non deve essere necessariamente una serie di banalità.

Ringrazio pertanto i sigg. Klaus Peter Goldberg e Jean Belaubre, autori della

pregevole opera: *"Les Armée qui combattirent Louis XIV"*, apparsa ormai quasi 30 anni fa, per avermi mostrato quella che ritengo sia l'approccio corretto nella ricostruzione delle uniformi e degli equipaggia-menti dei soldati di quegli anni. Un ringraziamento particolare al dottor Paolo Coturri per la disponibilità concessami nella consultazione della poderosa opera Feldzuge des Prinzen Eugen von Savoyen, nell'edizione tradotta e ampliata dall'ufficio storico dell'esercito italiano nel 1884. A tutti gli amici che, con consigli e critiche, mi hanno sostenuto e incoraggiato in questi due anni di lavoro, giunga un altrettanto caloroso ringraziamento.

Dedico la fatica di questo lavoro a mio padre.

Bruno Mugnai

INDICE - CONTENTS:

Il principe Eugenio di Savoia 1663-1736.......................... Pag. 5
Eugenio e la guerra di successione spagnola - Ultimi anni.

La guerra di Successione spagnola 1701-1714............... Pag. 9
Gli inizi e le cause - Primi anni di guerra 1701-1706 - Seconda fase della guerra 1707 1711
Terza e ultima fase 1711-1712 - Pace di Utrecht 1713 - La pace con l'Austria e il trattato di
Rastatt - Conclusioni.

L' Impero e la Germania nella seconda metà del XVII sec.... Pag. 15
Il sacro Romano Impero - I domini ereditari degli Asburgo.

La Direzione e l'amministrazione dell'esercito imperiale..... Pag. 19
La Hofkammer - Lo Hofkriegsrath - General Kriegscommissariats-Amt - Obrist-Proviant
Amt (Ufficio superiore della provianda) - Obrist Mustemeister Amt Ufficio superiore delle
rassegne) - Obrist Land und Haus-Zueg Amt (Ufficio superiore degli arsenali)
Fortifications-Bau-Zahl-Amt (Ufficio per l'amministrazione delle fortificazioni)
Obrist Schiff und Brucken Amt (Uff. superiore dei ponti e del naviglio fluviale)
General Feld-Kriegsauditoriats-Amt (Ufficio generale del tribunale di guerra).

General Stab - Gli Stati Maggiori Generali .... Pag. 41

L'esercito dell'Imperatore e L'esercito dell'Impero .... Pag. 47
L'esercito dell'Impero.

Note alle Tavole - Note on color Plates........................... Pag. 57

Bibliografia.. Pag. 66

IL PRINCIPE EUGENIO DI SAVOIA
1663-1736

Eugenio di Savoia, o meglio, Eugenio von Savoye, come il principe era uso firmare la sua corrispondenza allo scopo di sottolineare il suo essere italiano per provenienza famigliare, francese per formazione culturale e austriaco per nazionalità. Eugenio nasce a Parigi il 18 ottobre del 1663. E' il quinto figlio di Eugenio Maurizio di Savoia Carignano, conte di Soissons, colonnello della guardia svizzera al servizio di Luigi XIV, e di Olimpia Mancini, una delle famose bellissime nipoti del cardinale Mazzarino, già intimamente molto vicina negli anni giovanili al re di Francia. In quanto non primogenito Eugenio è destinato dalla famiglia alla carriera ecclesiastica e ricevette appena quindicenne la tonsura. Ma il suo scandaloso e anticonformistico atteggiamento di quei primi anni parigini sconcerta le autorità religiose. Assolutamente non interessato alla vita ecclesiastica, e non ancora ventenne, si presentò al re Luigi XIV per chiedere un qualche incarico nell'esercito francese. Il Re Sole però non lo stima o non lo considera adatto per la carriera militare e lo licenzia senza fornirne i motivi. Una leggenda, tramandata dall'implacabile maldicente duca di Saint Simon e alimentata più tardi dai suoi detrattori in Austria, sosteneva che rifiutando di accoglierlo nell'esercito, Luigi XIV lo avrebbe anche diffamato per la sua presunta omosessualità. Tuttavia, se questa fosse stata o meno palese, non poteva certo costituire una discriminante a Versailles, visto che erano noti a tutti gli orientamenti omosessuali o bisessuali di esponenti della corte e dell'esercito. Giocarono nella decisione del re assai di più gli scandali dalla madre Olimpia Mancini. Deciso ad intraprendere comunque la carriera militare, il furibondo Eugenio di Savoia decise di cambiare padrone. Fuggì da Parigi insieme al cugino Luis Armand de Bourbon-Conti, destinazione la Germania. Informato della loro fuga, Luigi XIV ordinò di rintracciarli e di riportarli a Parigi. Il cugino obbedì, Eugenio invece proseguì la sua fuga diretto a Passau, dove giunse il 20 agosto 1683. Nella cittadina austriaca chiese udienza all'Imperatore Leopoldo I d'Asburgo, trasferitosi con la corte da Vienna, minacciata dall'invasione ottomana. Eugenio fu accolto dall'Imperatore con "distinzione e stima", apprendendo la triste notizia della morte di suo fratello maggiore Luigi Giulio, colonnello di un reggimento di dragoni, ferito mortalmente a Petronell. L'Imperatore, da sempre ben disposto verso le qualità militari dei Savoia, lo accolse subito nel suo esercito, nominandolo aiutante di campo del suo comandante supremo, il duca Carlo V di Lorena, cognato dello stesso Imperatore, impegnato nell'allestire l'armata di soccorso per liberare Vienna dall'assedio posto dagli ottomani. Eugenio ebbe quindi la fortuna, con questo incarico, di partecipare alla vittoriosa giornata che pose termine all'assedio di

▼ **Eugenio principe di Savoia** e conte di Soissons. Generale di Cavalleria a soli 24 anni, Feldmaresciallo a 27, il principe resta il più celebre comandante della storia dell'esercito austriaco. Per l'abilità che seppe dimostrare anche in campo diplomatico, Eugenio si guadagnò il soprannome di "Imperatore segreto". Il ritratto qui sotto è stato eseguito su commissione dello stesso principe dopo la grandiosa battaglia di Blenheim vinta sulle truppe francesi.

François-Eugène, Prince of Savoy-Carignan (1663-736), was one of the most prominent and successful military commanders in European history.

◀ **L'esercito di Eugenio** attraversa le Alpi nella primavera del 1701.

Vienna il 12 settembre 1683. Si distinse presto nell'inseguimento della sconfitta armata ottomana e in tutti gli scontri che seguirono. Al termine del 1683 fu nominato colonnello e ricevette la patente di colonnello di un reggimento di dragoni imperiali, partecipando a tutte le successive campagne contro i turchi fino al 1689, ottenendo il grado di *Feld-Marschall Lieutenant*. Divenuto *General der Cavallerie* nel maggio 1690, Eugenio è inviato in Italia settentrionale in aiuto del cugino Vittorio Amedeo II duca di Savoia, alleato dell'Imperatore nella guerra della Lega di Augusta contro la Francia di Luigi XIV. In Italia combatte agli ordine del generale Antonio Carafa per sei anni, con alterna fortuna, dovuta alla scarsa coesione dell'armata alleata, comprendente – oltre le truppe imperiali – contingenti spagnoli, tedeschi e piemontesi. L'impero ottomano approfittò della guerra contro la Francia per tentare una nuova offensiva, riconquistando Belgrado e minacciando di entrare in Ungheria. Eugenio rimase in Italia fino al 1696, poi - per una serie fortuita di avvenimenti - il comandante designato a guidare la campagna contro i turchi, l'elettore di Sassonia Federico Augusto von Wettin, viene eletto re di Polonia e così il comando passò per la prima volta al principe Eugenio. Il Savoia si trovò alla guida di un armata di poco più di 50.000 uomini - col morale basso e male equipaggiata - impegnata a fronteggiare quella turca, forte di 100.000 uomini e dotata di potenti artiglierie. Ma l'11 settembre 1697, presso Zenta, avviene il miracolo, grazie ad un'abile e spregiudicata azione strategica, Eugenio coglie di sorpresa il gran visir , i cui uomini stanno attraversando il fiume Tibisco su un ponte di barche, penetra nel campo ottomano e mette in rotta l'armata avversaria. Alla fine della giornata quasi 30.000 turchi erano rimasti sul campo. Le perdite imperiali furono inferiori a un migliaio di uomini. La guerra si concluse poco più tardi, ma prima delle conclusione Eugenio ordinò una spericolata incursione di cavalleria in territorio nemico, spintasi fino in Bosnia. Il 26 gennaio 1699 viene stipulata con i turchi la Pace di Carlowitz, con la quale l'Austria si assicura la sovranità della Transilvania e di tutta l'Ungheria.

Eugenio e La guerra di Successione Spagnola

La giornata di Zenta regala una grande fama al principe Eugenio e la sua reputazione a Vienna sale alle stelle. Scoppia intanto nel 1701 la guerra di Successione Spagnola, si riforma la grande alleanza della Lega di Augusta con Austria, Inghilterra, Olanda e alcuni stati dell'impero tedesco opposti alla Francia, alleata con la Spagna, il ducato di Savoia, la Baviera e l'elettore di Colonia. Eugenio viene inviato nuovamente in Italia, dove alla testa di un'armata ancora incompleta riesce a conseguire da subito importanti successi strategici. Sconfigge gli avversari a Carpi e successivamente a Chiari e quindi penetra nel Mantovano, bloccando i francesi a Luzzara. Nell'inverno del 1703-04 Eugenio lascia l'armata d'Italia e assume il comando sul fronte renano. Sono mesi cruciali per la causa degli Asburgo: minacciati a ovest dai franco-bavaresi, devono fronteggiare a oriente la ribellione ungherese guidata

dal principe Ráckoczy; la minaccia di accerchiamento si materializza con l'invasione del Tirolo e le incursioni degli ungheresi in Austria. Nella primavera del 1704 la carriera militare di Eugenio giunge al culmine con la nomina a presidente dello *Hofkriegsrath* (consiglio aulico di guerra), in pratica è posto al vertice dell'intero esercito austriaco, luogotenente diretto dell'Imperatore. Il 13 agosto 1704, insieme al generale John Churchill duca di Marlborough, sconfigge le truppe franco-bavaresi a Höchstädt-Blenheim, rovesciando le sorti della guerra a occidente. All'inizio del 1705 Eugenio è di nuovo in Italia, dove nel frattempo il cugino Vittorio Amedeo II di Savoia, ha cambiato schieramento ed è passato dalla parte degli alleati. I francesi intendono far pagare caro questo tradimento e mettono sotto assedio le città del ducato. Nel 1706 inizia l'assedio di Torino. La campagna guidata dal principe Eugenio ha lo scopo di liberare il cugino dalla presenza delle truppe franco-spagnole. Nonostante la sconfitta subita a Cassano sull'Adda l'anno precedente e la rotta della sua avanguardia a Calcinate, ottiene un successo senza precedenti sconfiggendo i franco-spagnoli a Torino, liberando la città dall'assedio delle truppe francesi e di fatto eliminando la presenza avversaria nell'Italia settentrionale. Nel 1707 guida su espressa richiesta degli alleati anglo-olandesi una sortita su Tolone; Eugenio non conquista la città, ma il bombardamento a cui la sottopone è talmente devastante che danneggia gravemente il porto, base principale della flotta francese del Mediterraneo. L'11 luglio 1708, nuovamente sul fronte continentale, sconfigge insieme al duca di Marlborough l'armata del Maresciallo Vendôme a Oudenaarde, nelle Fiandre; quindi assedia ed espugna la città di Lilla il 9 dicembre 1708. Nel 1709, sempre assieme al duca di Marlborough, ottiene la costosa vittoria di Malplaquet, sempre contro i francesi. Eugenio rimane alla guida dell'armata della Mosella fino al termine della guerra, cercando anche per via diplomatica di evitare la defezione anglo-olandese. All'inizio del 1714 conduce le trattative di pace con la Francia, che mettono fine alla guerra di Successione Spagnola e terminano con la firma del trattato di pace di Rastatt il 6 marzo del 1714.

Ultimi anni

Nel 1716 Eugenio lascia ogni incarico in Italia e diviene governatore dei Paesi Bassi spagnoli, carica che eserciterà fino al 1724. Nel 1715, quando nuovamente i turchi rialzano la testa e dichiarando guerra alla Repubblica di Venezia - alleata dell'Austria - Eugenio si rivolge nuovamente contro di loro. Violati i patti della pace di Carlowitz, i turchi, guidati dal gran visir Damad Alì Kumurçi, penetrano in Ungheria con un esercito di oltre 100.000 uomini. Nei pressi di Peterwardein, il 5 agosto 1716, avviene il primo scontro. Ancora una volta la stella militare del principe risplende, facendo ottenere agli austriaci una vittoria senza precedenti sugli ottomani. Prima della fine dell'anno Eugenio toglie agli ottomani il possesso della fortezza di Temesvar, nel Banato, centro di valore strategico

◀ **Il duca di Lorena** alla testa delle truppe imperiali riconquista il castello di Buda nel 1686. Quadro di Benczúr Gyula (1844-1920) museo di Budapest.

Recapture of Buda castle in 1686 by Gyula Benczúr. The Duke of Lorraine can be seen on the white horse centre-left.

▶ **John Churchill, duca di Marlborough 1650 – 1722.** Grande amico e collega de lPrincipe Eugenio. L'unione di questi due condottieri assicurò numero-se vittorie al campo della Grande Alleanza.

John Churchill, 1st Duke of Marlborough (1650 -1722) was one of the great English soldier and statesman whose career spanned the reigns of five monarchs throughout the late 17th and 18th centuries.

determinante per il controllo dello scacchiere ungherese. L'anno seguente l'armata del principe marcia su Belgrado, dove il 16 agosto 1717 combatte una battaglia decisiva, assalendo l'armata avversaria di soccorso e infine ricevendo la resa della città due giorni dopo. Il 21 luglio 1718 viene firmata la pace di Passarowitz, con la quale l'Austria ottiene a spese dell'impero ottomano tutto il Banato e Belgrado con la Serbia settentrionale. I possessi degli Asburgo raggiungono così, proprio grazie ad Eugenio di Savoia, la massima estensione. Il principe spende gli anni dal 1726 al 1732 in importanti azioni diplomatiche per consolidare ulteriormente il potere e il prestigio austriaco. Sigla alleanze e trattati con Russia e Danimarca, Prussia e Inghilterra. Nel 1733 scoppia la guerra di successione polacca e inizia così la sua ultima avventura. Eugenio assume nel 1734 il comando dell'armata del Reno, con la quale - a settanta anni d'età - dà ulteriore prova delle sue mitiche capacità di comandante, riuscendo a contenere l'offensiva francese condotta da un'armata di 90.000 uomini con soli 40.000 soldati a disposizione.

▲ **Il principe Eugenio di Savoia - Soissons** schiaccia le armate turche nel famoso quadro dell'artista austriaco Jacob Van Schuppen. Torino Galleria Sabauda.

Famous portrait of Prince Eugen Of Savoy. Realized by the Austrian painter J. Van Schuppen. Torino Galleria Sabauda.

Nelle successive trattative di pace, l'ormai glorioso ad anziano soldato è a riposo e non partecipa ai negoziati; morirà infatti nel 1736, due anni prima della fine della guerra. Eugenio di Savoia fu grande anche nel campo della cultura umanistica. Mecenate di artisti, bibliofilo ed amante della bella architettura, si fece costruire splendidi palazzi, il più noto dei quali è il 'Belvedere' di Vienna, meraviglioso esempio dello stile barocco austriaco e ricco di opere d'arte dal valore inestimabile. Fuggito giovanotto da Parigi senza un soldo, Eugenio era riuscito ad accumulare una grande fortuna, grazie al crescente prestigio conquistato sui campi di battaglia e su quelli della diplomazia, nonché una moltitudine di cariche amministrative e militari. In battaglia era noto per il suo temperamento temerario, che lo spingeva spesso fin nelle prime file dei combattenti esponendosi ai rischi della battaglia, abitudine testimoniata dalle nove ferite ricevute a partire dal battesimo del fuoco avvenuto nel 1683. Alla sua morte, furono celebrati solenni funerali, la sua sepoltura venne divisa in due parti: il suo corpo venne sepolto nel Duomo di Santo Stefano e il suo cuore nella basilica dei Savoia a Superga, nella basilica eretta per celebrare la grande vittoria di Torino.

▶ **La situazione dell'Europa** all'inizio del grande conflitto passato alla storia come la Guerra di Successione Spagnola.

Europe at the beginning of the War of the Spanish Succession. Eugene fought primarily in northern Italy in the early years of the war, then later in the Low Countries.

LA GUERRA DI SUCCESSIONE SPAGNOLA 1701-1714

Le cause e gli inizi

La prima delle grandi guerre di successione - e il primo grande conflitto che apre il XVIII secolo - fu combattuta tra il 1701 e il 1714 e vide schierati da una parte la Francia, la Spagna, la Savoia, la Baviera e Colonia, opposti all'Inghilterra, le Province Unite dei Paesi Bassi, l'Austria e gli altri stati tedeschi del Sacro Romano Impero, riuniti nella cosiddetta Grande Alleanza. Le cause del conflitto risalgono agli effetti del 'testamento' del 1 novembre 1700. Quel giorno moriva Carlo II di Spagna, ultimo monarca asburgico da tempo gravemente ammalato. Pochi giorni dopo veniva proclamato nuovo re di Spagna il duca Filippo d'Angiò, nipote del re di Francia Luigi XIV, il quale assumeva il nome di Filippo V, secondo gli intendimenti testamentari del re appena scomparso.

Tuttavia quel posto veniva reclamato anche da molti altri candidati delle famiglie regnanti in Europa. Sebbene la Spagna fosse un gigante dai piedi d'argilla notevolmente ridimensionato dopo i fasti del '500 e parte del '600, tuttavia possedeva immensi territori, che costituivano una dote molto allettante. Le colonie sparse in Africa, in America, in Asia, il regno di Napoli con la Sicilia, il Ducato di Milano, lo Stato dei Presidi, la Sardegna, il Marchesato di Finale, le Baleari, i Paesi Bassi, facevano della Spagna uno dei paesi strategicamente più importanti della terra.

Per la prima fazione il più titolato degli aventi diritto al trono era Maria Teresa d'Austria, infanta di Spagna e moglie di Luigi XIV. Sebbene si facesse notare che questa avesse rinunciato alla successione al momento di andare in sposa al re francese, il marito vedovo Luigi XIV appoggiò le pretese del figlio, il Delfino di Francia Luigi, o in alternativa del figlio di questi, Filippo d'Anjou. Ad avanzare pretese sul trono di Spagna

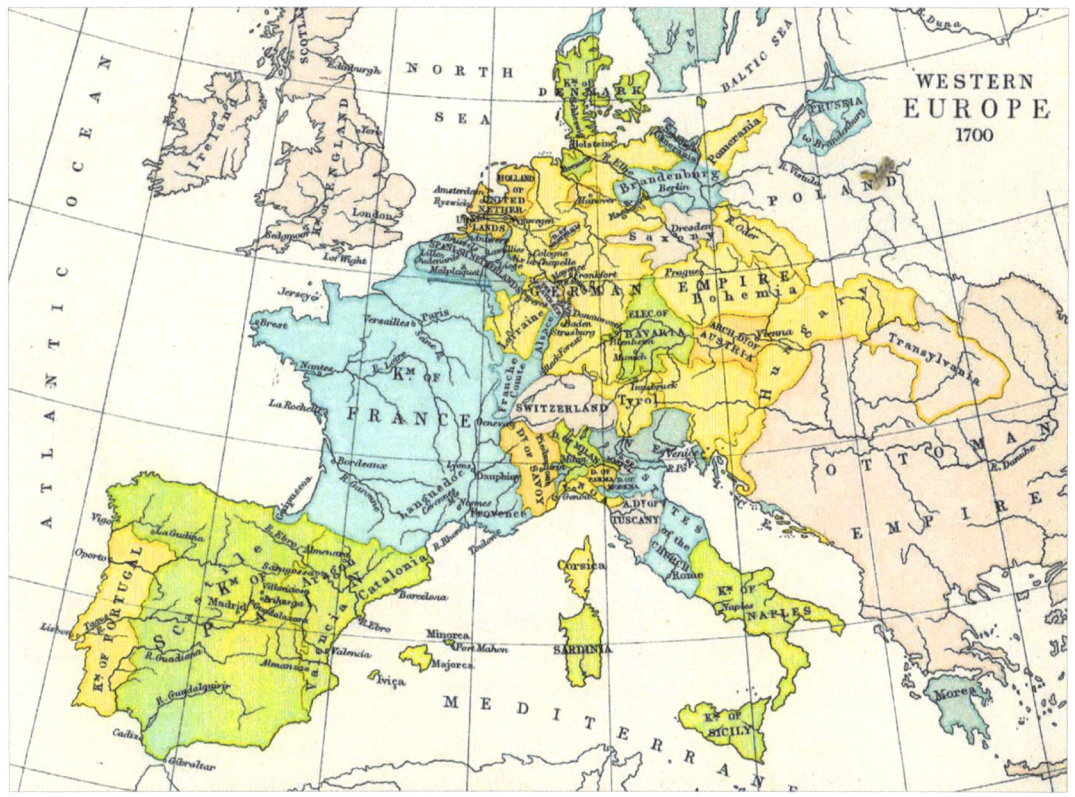

con altrettante buone ragioni c'erano l'Imperatore Leopoldo I, cognato di Carlo II e rappresentante del ramo austriaco degli Asburgo, e infine anche il principe elettore di Baviera Massimiliano von Wittelsbach e il duca di Savoia Vittorio Amedeo II.

Rimasti infine solo due candidati, quello dei Borboni e quello degli Asburgo, le due fazioni generarono delle alleanze, intese a impedire che prevalesse una soluzione o l'altra. La designazione del pretendente borbonico da parte di Carlo II diede fuoco alle polveri. L'alleanza dell'Aja, in funzione antifrancese e antispagnola, creò inevitabilmente molti malumori, che la diplomazia francese sfruttò per separare la coalizione avversaria. Gli stati della Germania finirono col separarsi: la Prussia, lo Hannover, la Sassonia e la maggior parte degli altri stati appoggiarono gli Asburgo e i suoi alleati; l'elettore di Baviera e quello di Colonia si schierarono invece con la Francia. La guerra produsse una mobilitazione di forze superiore a quanto mai fosse avvenuto in precedenza in Europa. Si deve forse risalire alla guerra dei 30 anni per trovare un coinvolgimento di stati tanto ampio.

Primi anni di guerra 1701-1706

La guerra ebbe inizio di fatto nel 1701, con l'ingresso delle truppe francesi nelle Fiandre già soggette alla Spagna. La risposta di Vienna si materializzò nell'offensiva dell'esercito austriaco in Italia al comando di Eugenio di Savoia, il quale eluse i coalizzati attraversando i passi alpini e quindi li sconfisse a Carpi, minacciando il Milanese; conseguì quindi una seconda importante vittoria nella battaglia di Chiari. Contemporaneamente l'intervento anglo-olandese ebbe inizio con l'offensiva nelle Fiandre, con l'occupazione di Liegi – appartenente al principe elettore di Colonia - e di altre piazze nella parte settentrionale dei Paesi Bassi spagnoli. Gli inglesi aprirono le ostilità anche oltre oceano, attaccando le colonie francesi nelle Americhe. Il 1703 registrò una serie di avvenimenti che facevano pensare ad una rapida conclusione del conflitto a vantaggio dei Borboni. Nonostante l'esercito inglese, al comando del Duca di Marlborough, occupasse il territorio dell'elettorato di Colonia, i francesi dilagavano in Renania, mentre i bavaresi penetravano nel Tirolo. A complicare la situazione intervenne anche la ribellione degli ungheresi, i quali – guidati dal principe Férenc Rákóczy – con i finanziamenti della Francia, avevano dichiarato decaduta la dinastia degli Asburgo nel loro paese. A ristabilire l'incertezza nelle sorti del conflitto vi fu l'adesione in maggio del Portogallo alla Grande Alleanza e soprattutto la defezione del duca di Savoia, che il 28 settembre si schierò assieme ai nemici di Luigi XIV. La mutata situazione strategica mantiene però in bilico la prevalenza di uno schieramento sull'altro: i francesi occupano tutta la Savoia, ma in estate gli alleati ottengono due decisive vittorie a Donauworth ed a Höchstädt-Blenheim. Quest'ultima costò al principe elettore di Baviera Massimiliano II Emanuele la perdita del suo stato. Nello stesso anno l'Inghilterra si impadronisce della rocca di Gibilterra, ancora oggi in possesso della corona britannica. Un'altra squadra navale inglese occupa Barcellona nel 1705 e questo episodio provoca la fuoriuscita della Catalogna, dell'Aragona e di Valencia dal regno di Spagna, portando i loro maggiorenti a riconoscere l'arciduca Carlo d'Asburgo come legittimo re di Spagna col nome di Carlo

III. Subito il nuovo re pose la sua capitale proprio a Barcellona. In Ungheria la ribellione non riusciva a prevalere e le maggiori fortezze rimasero in mano agli Asburgo. In Italia i Borboni intensificavano i loro sforzi per estromettere dal conflitto il duca di Savoia, il quale – sorretto dagli imperiali – difendeva le sue città facendo pagare un prezzo sempre elevato agli avversari. Nel 1705 moriva l'Imperatore Leopoldo I cui succedeva il figlio con il titolo di Giuseppe I, il brillante monarca che apriva la stagione delle riforme amministrative e organizzative nei territori di Casa d'Austria. Il 1706 fu l'anno in cui le capacità di resistenza dei Borboni vennero meno, facendo definitivamente passare l'iniziativa nelle mani dei loro avversari. Le truppe alleate, sotto la guide del duca di Marlborough, ottennero nelle Fiandre una prestigiosa vittoria a Ramillies il 23 maggio 1706, liberando l'intera regione dagli spagnoli. Contemporaneamente un'armata anglo-portoghese invase la Spagna e occupò Madrid; mentre in Italia i franco-spagnoli subirono il disastroso il rovescio di Torino nel settembre 1706, lasciando gli Asburgo padroni dello Stato di Milano e del ducato di Mantova. Queste sconfitte indussero il Re Sole a logiche considerazioni circa l'impossibilità di vincere la guerra e lo spinsero a intavolare le prime trattative di pace con la Grande Alleanza. Tuttavia le richieste degli alleati - momentanei vincitori - provocarono un sussulto d'orgoglio che portò alla rottura dei negoziati.

Seconda fase della guerra 1707-1711

Il 1707 segnò in parte il riscatto del partito borbonico, che pur sempre restando in condizioni critiche, registrò la vittoria nella difesa di Tolone, posta sotto assedio da Eugenio di Savoia, assieme la sconfitta delle truppe anglo-portoghesi nella battaglia di Almansa in Spagna. Questi avvenimenti consentirono a Filippo d'Angiò di riprendersi Madrid e gran parte della Spagna, ristabilendo un momentaneo equilibrio. La risposta della Grande Alleanza non si fece attendere. Nel 1708 le armate alleate sconfissero i franco-spagnoli nella battaglia di Oudenaarde,

◄ **Leopoldo I° 1640-1705**, fu il primo dei tre imperatori che regnarono durante la vita del principe Eugenio di Savoia. Per lui essi furono: il padre (Leopoldo), l'amico (Giuseppe) e il suo grazioso signore (Carlo). La religiosissima personalità di Leopoldo contrastava con quella energica e fastosa dei figli, protagonisti dell'ascesa degli Asburgo durante la prima metà del XVIII secolo.

Leopold I Habsburg (1640-1705), Holy Roman emperor, King of Hungary, King of Bohemia, was the second son of the emperor Ferdinand III. He became heir apparent on 9 July 1654 by the death of his elder brother Ferdinand IV, and reigned as Holy Roman Emperor from 1658 to 1705. Leopold's reign was marked by military successes against the Ottoman Empire in the Great Turkish War.

► **Luigi XIV re di Francia** presenta a Versailles, come nuovo re di Spagna il nipote Filippo d'Anjou.

The king of France show his nephew Philipp of Anjou as future king of Spain in Versailles palace.

◀ **La battaglia di Ramillies** si combatté il 23 maggio 1706. Vide contrapposti due armate con 60.000 uomini per parte. Essa consacrò il genio strategico del duca di Marlborough, comandante delle forze alleate, che sconfisse pesantemente le truppe franco-spagnole di Luigi XIV comandate dal maresciallo de Villeroy.

The Battle of Ramillies was a major engagement of the War of the Spanish Succession fought on 23 May 1706. The encounter was a resounding success for the allied forces of the Dutch Republic, England, and their allies versus the French-Spanish army.

▶ **Il Re Sole, Luigi XIV** ritratto nel 1701 da Hyacinthe Rigaud.

The famous portrait of Louis XIV by H. Rigaud.

l'11 luglio 1708. Nel 1709 Luigi XIV tenta nuovamente la via diplomatica, ma anche stavolta le clausole imposte dagli alleati sono giudicate inaccettabili, inducendo il monarca francese ad abbandonare per la seconda volta i negoziati di pace. Alla ripresa delle ostilità gli anglo-olandesi occupano la città di Tournay, mentre gli le armate riunite di Eugenio e Marlborough riportano, pur a caro prezzo, una nuova vittoria nella battaglia di Malplaquet dell'11 settembre 1709. Nel 1710 gli alleati riprendono l'offensiva in Spagna - dove sconfiggono gli avversari ad Almenara e Saragossa - e nelle Americhe - dove i francesi devono cedere Port-Royal nelle Antille. La campagna nella penisola iberica si chiude però con due vittorie dei Borboni, a Brihuega e a Villaviciosa, combattute entrambe a dicembre, che respingono l'offensiva del pretendente Carlo III da Madrid, assicurando il trono spagnolo per Filippo d'Angiò.

Terza e ultima fase 1711-1712

Nonostante da più parti si desse per imminente un crollo della Francia - e insieme a questo la fine dei sogni del nuovo re di Spagna voluto da Luigi XIV - ad aiutare Parigi giungeva nel 1711 - inaspettata – il 17 aprile del 1711 la morte dell'Imperatore Giuseppe I. La dieta dell'impero votava la successione del fratello arciduca Carlo, già pretendente al trono di Spagna. Per quanto abile questa mossa della diplomazia austriaca metteva gli alleati di fronte a un situazione per loro non sostenibile, poiché di fatto prefigurava la riunione in una sola persona di tutti i territori della Spagna e dell'Austria, restaurando l'egemonia asburgica del tempo di Carlo V con conseguenze devastanti sul piano dell'equilibrio internazionale. Iniziò pertanto un progressivo distacco dalla causa degli Asburgo da parte della diplomazia di Londra e l'Aia, cui seguirono la Savoia e la Danimarca. La morte del giovane Imperatore austriaco salvò la Francia, la quale - destinata ad una sconfitta più che certa - rientrò in gioco a pieno titolo come sostenitrice delle prerogative di Filippo d'Anjou sul trono di Madrid. I negoziati offrirono alla Francia un'utile tregua con l'Inghilterra, cui diedero la propria adesione anche le Province Unite, queste ultime a seguito dalla sconfitta subita dagli alleati nella battaglia di Denain, il 24 luglio 1712, ad opera del maresciallo francese Villars. Nel mese di novembre dello stesso anno, Filippo V – ormai stabilmente padrone della Spagna - facilitò le trattative di pace rinunciando formalmente ad ogni pretesa alla corona di Francia. Le discussioni e le trattative si protrassero ancora per un anno, finché - il 13 luglio del 1713 - fu firmato il trattato di pace di Utrecht tra la Francia da una parte, e gli alleati, ma fatta eccezione dell'Austria e dell'Impero.

Pace di Utrecht 1713

Questi furono i principali accordi raggiunti con la pace di Utrecht: Filippo d'Angiò veniva riconosciuto il definitivo e legittimo re di Spagna con il nome di Filippo V e la sua corona restava separata da quella di Francia; la Spagna cedeva all'Austria i Paesi Bassi spagnoli, il regno di Napoli e quello di Sardegna, il Ducato di Milano e lo Stato dei Presidi in Toscana; La Spagna cedeva egualmente all'Inghilterra la rocca di Gibilterra e l'isola di Minorca nelle Baleari; la Francia cedeva all'Inghilterra alcuni territori nordamericani, fra i quali Terranova. Un'altra curiosa clausola inserita da Londra per Luigi XIV fu quella di far togliere l'appoggio di Parigi ai pretendenti Stuart nei confronti dell'attuale casa regnante. Agli olandesi veniva concesso il diritto di costruire fortificazioni militari lungo il confine tra i Paesi Bassi ex spagnoli, ora austriaci, e la Francia. Al duca Vittorio Amedeo II di Savoia venne assegnata la Sicilia con il relativo titolo regio, regno che poi scambierà con la Sardegna, nonché Casale e tutto il Monferrato, parte della Lomellina e la Valsesia. Il ducato di Mantova rimaneva all'Austria. La regione della Gheldria passava sotto sovranità del re di Prussia. Altra curiosa e diremmo oggi scandalosa clausola, obbligava la Spagna a cedere all'Inghilterra "l'asiento de negros", ovvero il monopolio del commercio degli schiavi africani verso l'America.

La pace con l'Austria e il trattato di Rastatt

Nel trattato di Utrecht restava tuttavia un punto debole. Questo non era stato infatti sottoscritto dai delegati austriaci, che pure avevano partecipato alle trattative. Le altre potenze firmatarie si erano impegnate a gratificare l'Imperatore con larghe concessioni, le quali tuttavia lo lasciarono insoddisfatto e così, fra Borboni e Asburgo, rimase lo stato di guerra. Ma la Francia ormai liberata del fardello della guerra su tutti i fronti poteva avvalersi della nuova situazione strategica e mettere in crisi le armate imperiali. Il maresciallo Villars irruppe in Alsazia e proseguì l'offensiva sul Reno con la conquista di Landau il 20 agosto 1713 e successivamente quella di Friburgo in Brisgovia il 1° novembre. Queste sconfitte convinsero definitivamente il nuovo Imperatore Carlo VI a riprendere le trattative con la Francia, designando come rappresentante il più famoso fra i suoi generali - il principe Eugenio di Savoia - mentre Luigi XIV designò a sua volta il valoroso maresciallo Villars.

I rispettivi rappresentanti si incontrarono a Rastatt il 26 novembre di quell'anno. Il principe Eugenio mostrò in questa occasione grandi capacità diplomatiche, raggiungendo la sigla di una bozza d'accordo e meritandosi i complimenti del suo Imperatore. Dall'altro campo invece Luigi XIV rimproverò aspramente il suo rappresentante, accusandolo di aver fatto concessioni

eccessive all'avversario, e respinse in toto la bozza. Ad ogni modo la tenacia del principe convinse l'ormai anziano Luigi XIV ad accettare ciò che faticosamente era stato concordato, permettendo così di giungere alla firma del trattato, stipulato a Rastatt il 6 marzo 1714.

Essa confermò di fatto quanto già stabilito ad Utrecht, la Francia dovette restituire Friburgo, Breisach e Kehl, ma conservò l'importante fortezza di Landau con l'Alsazia e Strasburgo.

La Francia inoltre chiese e pretese che i principi elettori di Baviera e di Colonia, fossero insediati nuovamente nei rispettive territori, con gli stessi poteri detenuti prima della guerra.

Questi trattati vennero successivamente ratificati dalla dieta imperiale, riunitasi a Baden il 7 settembre 1714.

Conclusioni

I trattati di pace Utrecht e Rastatt, ebbero come principale conseguenza lo smembramento dell'ormai fragile impero spagnolo provocando il tramonto definitivo della Spagna come grande potenza, nonostante il mantenimento delle colonie d'oltremare. Anche l'espansionismo della Francia venne ridimensionato e la guerra la privò fra le altre cose di una parte delle colonie oltremare a favore dell'Inghilterra. L'Inghilterra confermò il suo status di grande potenza marittima e assieme agli olandesi, assunse il controllo delle rotte commerciali verso l'America e verso l'oriente.

L'Austria, soprattutto grazie alle grandi doti militari e diplomatiche del principe Eugenio, divenne in Europa la maggiore potenza continentale.

▶ **Carlo VI d'Asburgo (1685-1740)** Imperatore del Sacro Romano Impero dal 1711 al 1740 succedendo al fratello Giuseppe I. Fu anche Re di Napoli, Re di Sicilia, Re di Sardegna (come Carlo III), Re di Spagna, Re di Boemia, Duca di Milano, Duca di Parma, Piacenza e Guastalla (come Carlo II), Conte di Barcellona (come Carlo I), Duca di Teschen (come Carlo I). Secondo figlio di Leopoldo I e della sua terza moglie, Eleonora del Palatinato-Neuburg, era erede designato del re di Spagna Carlo II, del ramo spagnolo degli Asburgo.

Charles VI (1685-1740) He succeeded his elder brother, Joseph I, as Holy Roman Emperor, King of Bohemia and Archduke of Austria, etc., in 1711. He unsuccessfully claimed the throne of Spain as Charles III following the death of its ruler, and Charles' relative, Carlos II, in 1700.

▶ **Giuseppe I d'Asburgo (1678-1711)** Imperatore dal 1705 fino alla prematura morte avvenuta sei anni dopo, era il figlio maggiore dell'Imperatore Leopoldo I e della sua terza moglie, Eleonora del Palatinato-Neuburg, figlia di Filippo Guglielmo, Elettore Palatino. Venne educato dal principe Dietrich Otto von Salm, divenendo un buon linguista.

Joseph I (1678-1711) was the elder son of Emperor Leopold I. He succeeded his father as emperor in 1705. It was his good fortune to govern the Austrian dominions and to be head of the Empire, during the years in which his trusted general, Prince Eugene of Savoy, either acting alone in Italy or with the Duke of Marlborough in Germany and Flanders, was beating the armies of Louis XIV of France.

L' IMPERO E LA GERMANIA
NELLA SECONDA METÀ DEL XVII SEC.

L'Austria, la casa d'Asburgo, Vienna: nomi che evocano in ognuno i fasti dell'epoca dei Walzer, o l'atmosfera di 'felix' perpetua che si coglieva sotto il regno di Maria Teresa. Ma la Casa d'Austria, alla fine del Seicento, era una monarchia umiliata dalle condizioni di pace imposte dal trattato di Westfalia; le sue forze migliori si erano consumate nella disastrosa guerra che l'aveva coinvolta per trent'anni contro nemici interni ed esterni. Le devastazioni di quel conflitto avevano ridotto della metà la popolazione della Germania, mentre ad oriente l'espansionismo dei sultani ottomani era stato contenuto a prezzo di grandi sacrifici e di sanguinose battaglie. E' possibile ricavare un impressione della cupa atmosfera che regnava in quegli anni a Vienna, osservando un monumento fatto erigere dall'Imperatore Leopoldo I: la colonna della peste al Graben , dove il monarca è rappresentato in atto di preghiera; nella pietra sono scolpite le parole; "Ego Leopoldus humilis servus tuus". La penitenza, l'espiazione, il credo religioso - che trasfigurava gli avvenimenti - accrescevano quel senso di agonia nella quale sembravano sprofondate le sorti dell'Impero alla fine del secolo. Con la pace di Westfalia l'autorità degli Asburgo sugli stati della Germania era stata fortemente ridimensionata. Il Sacro Romano Impero era una confederazione di oltre trecento Stati, nei quali - alle diversità religiose - si sommavano le differenti aspirazioni politiche, scaturite dalla quasi totale indipendenza raggiunta da ogni membro. Ritornarono d'attualità le polemiche 'anti-romane', le quali, esplose nel corso della guerra dei Trent'anni, erano nuovamente agitate con formulazioni 'scientifiche'. La fortunata ascesa del principe Eugenio di Savoia iniziò in quei tristi anni, ma alla sua morte l'Austria era divenuta una delle maggiori potenze europee e la grande stagione del barocco austriaco fu la sontuosa scenografia per l'affermazione della vocazione imperiale degli Asburgo.

Il Sacro Romano Impero

L'Impero, su cui gli Asburgo detenevano la carica di Imperatori dai tempi di Massimiliano I, era diviso in due regni: quello germanico e quello italico o longobardo. Questa ripartizione rappresentava un concetto puramente formale, poiché, alla fine del Seicento, l'autorità imperiale in Italia settentrionale era quasi inesistente; l'influenza predominante in quelle regioni, proveniva infatti dagli Asburgo di Spagna, che regnavano nel Milanese. Il Regno Germanico comprendeva pressappoco i confini attuali della Germania e dell'Austria, la Boemia e la Moravia, il Belgio con il Lussemburgo, la Franca Contea, la Savoia, una parte dell'Alsazia e della Lorena. Esclusa la Confederazione Elvetica, che era ormai politicamente disgiunta dall'Impero da oltre quattro secoli, questo territorio aveva un'estensione di 701.085,37 Km. quadrati e una popolazione ascendente, nella seconda metà del secolo, a 26.000.000 di abitanti. Tutti gli stati 'immediati' dell' Impero erano rappresentati alla Dieta, che dal 1663 si riuniva a Regensburg e che si divideva in tre collegi separati: quello degli elettori, quello dei principi e quello delle città imperiali. L'importanza della qualifica di principi elettori risiedeva nella loro qualifica specifica, ovvero l'elezione degli

Imperatori. Da quasi tre secoli gli Asburgo erano sempre riusciti a far confermare i propri candidati, ma la loro rielezione non sempre era stata cosi scontata. Gli elettori si dividevano in due branche: ecclesiali e laici: alla prima appartenevano il principe-arcivescovo di Mainz (Magonza), quello di Trier (Treviri) e di Colonia. L'altro gruppo era costituito dai principi di Brandeburgo, di Sassonia, del Palatinato, di Baviera e, dal 1692, di Hannover. Gli elettori laici erano anche i sovrani dei maggiori stati dell' Impero, invece l'estensione territoriale dei paesi appartenenti ai principi-arcivescovi era assai minore, ma non la loro rilevanza politica. Spettava agli elettori la conduzione degli affari dell'Impero quando il trono restava vacante: l'elettore di Mainz ricopriva in quel caso l'incarico di arcicancelliere per la Germania. In quel caso doveva convocare la Dieta e riunire il collegio elettorale entro tre mesi dalla morte dell'Imperatore. L'elettore di Colonia era l'arcicancelliere per l'Italia, quello di Trier per la 'Gallia e il regno di Arles', ma queste ultime due cariche erano ormai puramente simboliche. L'elettore di Mainz ricopriva anche la carica di presidente del 'Corpus Catholicorum', per la trattazione di tutte le questioni riguardanti la religione, mentre all'elettore di Sassonia spettava la presidenza del 'Corpus Evangelicorum'; in seguito alla sua conversione al cattolicesimo, avvenuta nel 1697, quest'ufficio passò all'elettore di Brandeburgo. La libertà di culto nell'Impero era stata sancita dopo la guerra dei Trent'anni dai trattati di Passau e di Augsburg, i quali, per regolare tutte le dispute di diritto ecclesiastico e di possesso, riconoscevano lo stato di cose esistente al 1° gennaio 1624. Tuttavia la piena libertà di coscienza non venne mai pienamente raggiunta; specie dalla popolazione, costretta ad adeguarsi al principio del *cuius regio, eius religio* . Anche nel collegio dei principi i 'banchi' della Dieta erano separati fra laici ed ecclesiali: a questi ultimi appartenevano gli arcivescovi di Salisburgo e di Besancon, ma il secondo non era più rappresentato alla Dieta, da quando la città era stata occupata dai Francesi con la 'chambre de reunion' del 1679. Nello stesso banco erano presenti anche 20 vescovi, compreso quello protestante di Lubecca e quello, alternativamente cattolico e luterano, di Osnabrück. Seguivano poi in gran numero gli abati, preposti e abbadesse, tutti titolari di signorie, anche di poche miglia quadrate, a volte rette in condominio con una signoria laica, oppure con una religiosa. Fra i principi ecclesiastici si trovavano anche il gran maestro dell' Ordine Teutonico e quello di Malta. I collegi degli elettori e dei principi si chiamavano 'superiores', per distinguerli da quello delle città libere dell'Impero, a loro volta divise nel banco renano e in quello svevo. Le deliberazioni della Dieta dovevano essere approvate da tutti e tre i collegi. Oltre a queste suddivisioni politico-religiose, o a quelle dinastiche, la più importante delle ripartizioni dell'Impero era quella in 'Kreis' (circoli), voluta dall'Imperatore Massimiliano I nel 1500. In quella data erano stati formati i circoli di Franconia, Baviera, Svevia, Alto-Reno, Westfalia e Bassa Sassonia, detti Alte Kreis (vecchi circoli). Dodici anni dopo erano stati aggiunti altri quattro circoli: Austria, Borgogna, Renania-Elettorale e Alta Sassonia; i 16 circoli più occidentali, e cioè quelli francone, svevo, alto-renano e renano-elettorale, si chiamavano *Vorder-Kreis* (anteriori). In questa ripartizione erano compresi tutti gli stati insediati dell'Impero, a eccezione della Boemia e della Moravia che non erano iscritte ad alcun circolo. Quando si creò questa ripartizione, i confini dei circoli vennero delineati allo scopo di riunire tutti assieme i feudi di uno stesso principe; per questo motivo alcuni paesi, geograficamente appartenenti a una regione, vennero a trovarsi iscritti a un circolo piuttosto che a un altro: é questo il caso dei paesi del Voralberg, attinenti alla Svevia, già compresi nel circolo austriaco in quanto possedimenti asburgici; oppure della città di Erfurt, in Sassonia, che faceva parte del circolo elettorale - renano, in quanto feudo dell'arcivescovo-elettore di Treviri. Quando poi le condizioni dinastiche andarono progressivamente modificandosi - ma i confini dei circoli rimasero immutati - si verificò quel frazionamento interno che costituiva il carattere principale della conformazione politico-territoriale dell'Impero.

I domini ereditari degli Asburgo

Nel 1658, quando Leopoldo I salì sul trono, si ritrovò erede di un vasto paese, costituito dall'arciducato d' Austria, con annessi i ducati di Steyermark (Stiria), Karnthen (Carinzia) e Krain (Carnia e la contea di Gorizia e Trieste). Leopoldo entrava altresì in possesso del regno di Boemia, del margraviato di Moravia e del ducato di Slesia. I territori dell'Austria anteriore e del Tirolo tornarono in possesso della branca principale degli Asburgo solo nel 1665. Quando si estinse il ramo ducale che vi aveva regnato fino ad allora. L'estensione di questi territori era di 206.590 Km. quadrati, con una popolazione stimata a 8.500.000 abitanti. Al suo interno sopravvivevano ancora certe differenze nella conduzione degli affari governativi, che testimoniavano il forte legame con il passato. I governi provinciali erano retti dalle Diete che più volte si scontravano con l'autorità centrale e, soprattutto sotto il regno di Leopoldo, furono spesso causa di prolungate discussioni, di natura fiscale. La ripartizione delle province asburgiche era la seguente: l'Austria sotto l'Inn e l'Austria sopra l'Inn, (a volte chiamate anche Bassa e Alta Austria), quindi l'Austria anteriore col Tirolo, la Stiria e le altre regioni meridionali riunite nell'Austria interna. Ma la parte maggiore dei possedimenti di Leopoldo I si trovava al di fuori del confine giuridico dell'Impero: questi erano rappresentati dal regno d'Ungheria e di Croazia e dal principato di Transilvania, Dalla pace dì Carlowitz (1699) l'estensione di questi territori aveva raggiunto gli oltre 300.000 Km. quadrati, ma la sua popolazione era di appena 5.000.000 di abitanti.

Le lunghe guerre combattute avevano causato un forte impoverimento di quelle regioni, provocando la fuga degli abitanti dalle campagne; inoltre la situazione politica interna era da decenni estremamente instabile. Dopo la vittoria a Szent Gotthard (1664) contro gli ottomani, Leopoldo aveva concluso a Vasvar una tregua ventennale con il sultano. All'Imperatore restavano i comitati settentrionali dell'Ungheria, tutta la Croazia e la Slovacchia, dove a Pressburg (Bratislava) aveva sede la Dieta del regno; ma tutta la parte centro meridionale fino alla Raab era rimasta ancora sotto il dominio di Istanbul, che apertamente appoggiava le rivendicazioni della nobiltà calvinista contro gli Asburgo.

La politica degli Asburgo in quelle regioni assunse un carattere fortemente assolutista e provocò la reazione della nobiltà locale, Questa, forte dei diritti della 'Bolla d'oro' si riunì nel partito dei Malcontenti, che ebbe i suoi capi nei nobili Fèrenc Wesselenv, lmre Zryni e Imre Thököly. Oltre ai dissensi di ordine politico-istituzionale, l'avversione di questa parte della nobiltà nei confronti di Vienna, era dovuta alla ingerenza che la chiesa cattolica iniziò a mostrare nei confronti delle comunità riformate dell'Ungheria. Una prima sommossa fu violentemente stroncata nel 1670 e provocò la fuga di centinaia di ribelli in Transilvania. Questo principato era ancora di fatto indipendente, ma doveva la sua autonomia al Sultano, che l'aveva salvaguardata nella tregua di Vasvar. Il principe di quel regno, Miklos Apàfy, accolse i profughi nel paese, che in breve tempo si intromisero profondamente nella politica estera della Transilvania. Nel 1678 si intensificarono gli attacchi armati alle guarnigioni imperiali. Queste azioni, benché non pianificate a Istanbul, erano tacitamente approvate dai visir ottomani. Gli atti di ostilità dei profughi fornirono l'occasione a Leopoldo I per procedere militarmente contro la nobiltà ribelle: furono sequestrati i beni di tutti coloro che si erano rifugiati in Transilvania; aumentarono le conversioni forzate; fu sospesa la carica di Palatino; si nominò un governatore con poteri dittatoriali. Un tribunale straordinario giudicò oltre 500 uomini di chiesa protestanti ungheresi, togliendo la carica a 450 sacerdoti e condannandone 67 ai remi delle galere e alla deportazione. L'Europa settentrionale si riempì di questi *exularis*, i quali propagavano le notizie

◄ **Thököly (1657-1705)** magnate ungherese, leader della sollevazione anti asburgica in alleanza con l'Impero ottomano.

Count Imrich Thököly de Kesmarkium (1657-1705) was a Hungarian statesman, leader of an anti-Habsburg uprising.

delle persecuzioni religiose nel loro paese. La popolazione si divise in due fazioni e la lotta interna si fece sempre più feroce; come riferiscono gli storici magiari: "l'Ungheria era caduta in un tragico abisso alla fine del seicento, raggiungendo il suo punto più basso". Il conte Imre Thököly continuò la sua guerra contro l'Imperatore. Fra il 1678 e il 1679 ci furono diversi scontri che culminarono con la cattura della fortezza imperiale di Szikszo; poi - dalla fine del 1681 - la guerra riprese con l'intervento diretto degli ottomani. Sotto le mura di Vienna, soldati transilvani ed esponenti del partito dei ribelli ungheresi combatterono a fianco dei turchi. Ma la sconfitta subita ad opera della Santa Lega travolse anche la Transilvania, che subì l'occupazione imperiale. Per un certo tempo si fronteggiarono in Transilvania e Alta Ungheria due fazioni, una guidata da Thököly e l'altra del plenipotenziario del principe Apafy, Miklos Teleky, che cercava di salvare l'indipendenza transilvana passando al fianco degli Asburgo. Nel 1690, a Zernyest, Thököly riuscì a sconfiggere il suo diretto avversario, che perse la vita in combattimento, ma nel frattempo la sorte del principato si stava delineando. La morte di Apàfy sgombrò ogni ostacolo per l'annessione della Transilvania alla corona degli Asburgo, nonostante che i nobili locali eleggessero come successore il figlio del defunto, Miklos II Apàfy. Questi però rinunciò al trono, contentandosi di un vitalizio e la nomina a conte dell'Impero, ottenuta poco tempo dopo da Leopoldo I. Thököly trascorse il resto della sua vita in esilio e morì nel 1705 in Turchia, dopo aver partecipato un'ultima volta alla lotta contro l'Imperatore nella campagna di Zenta nel 1697. La lotta decennale per il potere, fra i nobili e l'Imperatore, sarebbe divampata nuovamente nel 1703, ad opera del figliastro del Thököly, il principe Férenc Rákóczy, per concludersi definitivamente nel 1711, dopo aspri combattimenti.

La ripresa morale ed economica dell'Ungheria subì un'ulteriore ritardo e accrebbe nella corte di Vienna quel senso di odio verso tutto ciò che era ungherese e fece scadere il paese al rango di una colonia.

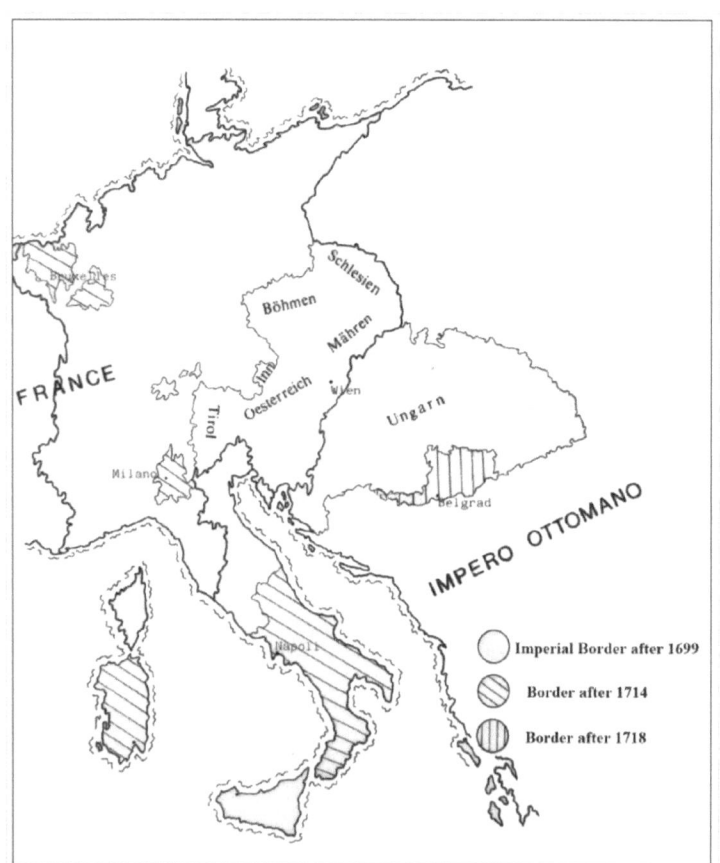

◀ **Cartina dei confini del Sacro Romano Impero** e i territori da Casa d'Austria fra il 1699 e il 1720

Maps of Imperial border in the year of Spanish war succession.

LA DIREZIONE E L'AMMINISTRAZIONE DELL'ESERCITO IMPERIALE

Il supremo organismo per la direzione dell'esercito era rappresentato dallo *Hofkriegsrath* - consiglio aulico di guerra - che assieme al *General Kriegscommissariat-Amt* - commissariato generale di guerra - dirigeva tutte le attività militari. Entrambi gli organismi dipendevano assieme alla Hofkammer - la camera aulica, in pratica una sintesi dei ministeri delle finanze, del bilancio e del tesoro - direttamente dall'Imperatore, alla cui approvazione definitiva venivano sottoposte tutte le decisioni scaturite dai lavori delle commissioni. La netta suddivisione fra la direzione e l'amministrazione dell'esercito, voluta da Ferdinando II dopo la nefasta esperienza della guerra dei Trent'anni, se da un lato tutelava il tesoro dalle frodi e dagli sprechi, dall'altro rendeva difficoltosa e complessa ogni operazione di approvvigionamento delle armate. Il bilancio militare rappresentò sempre per l'Imperatore il problema più delicato e la cause principale delle precarie condizioni dei suoi soldati. Le pagine dell'imponente opera pubblicata dall'archivio di guerra austro-ungarico sulle campagne del principe Eugenio di Savoia sono piene di dati e descrizioni circa il pessimo stato finanziario dei paesi asburgici e nonostante l'opera sia stata scritta a distanza di un secolo e mezzo da quegli avvenimenti, il tono polemico tradisce ancora un intento propagandistico, che probabilmente esagera le reali condizioni delle armate. Tuttavia, almeno a giudicare dalle testimonianze riportate nelle cronache dei paesi neutrali coinvolti loro malgrado dal passaggio delle soldatesche imperiali, la 'famelicità' e gli abusi commessi dai 'Tedeschi' costituirebbero - almeno in certi casi - la prova di quanto la situazione economica fosse drammatica.

La Hofkammer

"...das ist der Fluch von unsern edlen Haus: auf halben Wegen und zu halber Tat, mit halbeln Mitteln zauderhaft zu streben."
(E la maledizione della nostra nobile casa, a metà strada e agendo a mezzo, con mezzi strumenti procedere indugiando).
Le parole che il poeta austriaco Franz Grillparzer fa pronunciare all'arciduca Mattia d'Asburgo, descrivono perfettamente l'atmosfera che opprimeva la corte asburgica nei difficili anni delle guerre contro la Francia e l'Impero Ottomano. La grave crisi economica abbattutasi sulla Germania aveva investito anche i territori della casa d'Asburgo, ma in quelle regioni la congiuntura era aggravata da un antiquato sistema fiscale che, oltre a gravare naturalmente sui ceti subalterni della borghesia e dei contadini, condizionava fortemente ogni azione di governo. A quel tempo le entrate affluivano nelle casse statali attraverso due tipi di contribuzioni: la rendite derivanti dai beni di proprietà imperiale, la cosiddetta 'camerale' e le imposte effettive, dette 'contribuzionali'; ma non esistendo ancora in quegli anni un vero e proprio bilancio finanziario, le imposte erano condizionate dal concetto che ogni entrata doveva avere un fine determinato. A questo modo la politica finanziaria di Vienna viveva per così dire alla giornata. Non essendo pianificata alcuna programmazione di spesa, si rendeva incerto da parte del governo ogni intervento, costringendo la *Hofkammer* alla minuziosa ricerca della più piccola fonte di reddito. Questo estenuante clima di precarietà e di emergenza, acuitosi negli ultimi trenta anni del Seicento, aveva rallentato la formazione di un'armata permanente e la creazione di un piano di spesa per l'esercito, tanto che fino agli ultimi anni del secolo proseguì senza interruzione la pratica di allestire reggimenti che dopo due, o al massimo tre anni, venivano disciolti per mancanza di denaro. Sembra quasi incomprensibile come Vienna sia riuscita a mantenere un esercito, che per potenza era fra i primi d'Europa, in una situazione economica cosi disastrosa. Il debito del tesoro secondo alcuni era di quasi quaranta milioni di Fiorini, mentre altri, più cauti, facevano ascendere a solo quattordici milioni il deficit accumulato dal governo agli inizi del XVIII secolo. Una differenza cosi notevole fra un dato e l'altro era dovuta al fatto che neppure la *Hofkammer* riusciva a calcolare con esattezza a quanto ammontasse il passivo. Dal punto di vista politico l'Imperatore Leopoldo fu senza dubbio un conservatore, ma non al punto da non

accorgersi della necessità di una radicale riforma finanziaria per l'esercito. L'opposizione nella corte fu tuttavia notevole, soprattutto fra gli esponenti più vicini al monarca, i quali facevano notare che "...era dai tempi del Wallenstein che la casa d'Asburgo non metteva nella stessa mano la spada e il tesoro". Queste resistenze costituirono un ostacolo non indifferente alla costituzione di un organo di bilancio economico per l'esercito, istituto che prese il nome *General-Kriegs-Cassa*, e uno dei motivi principali per cui, soltanto nel 1697, e dopo molti tentativi, l'Imperatore concesse la propria autorizzazione per la formazione di una commissione incaricata alla discussione del progetto. La *General-Kriegs-Cassa*, che avrebbe preso forma definitiva soltanto nell'autunno del 1700, doveva gestire un fondo annuale di dodici milioni di Fiorini austriaci, sufficienti per mantenere un'armata di almeno140.000 uomini. La *Hofkammer* aveva ripartito l'imposta fra le province nella proporzione seguente: Boemia 2.284.722; Slesia 1.523.148; Moravia 761.577; Austria sotto l'Inn 1.215.278; Austria sopra l'Inn 405.090; Austria Anteriore 810.195; Ungheria 4.000.000; Transilvania 1.000.000. Con l'introduzione della cassa di guerra si sperava di far cessare definitivamente le contribuzioni forzate alle quali si era più volte ricorso negli ultimi anni del Seicento. Si poteva ora contare su un approvvigionamento più continuo e regolare e soprattutto si pensava di ottenere una gestione più ordinata delle risorse economiche dello stato, messe a dura prova da oltre venti anni di guerre. Ovviamente erano state le province interessate dalle campagne di guerra quelle a soffrire maggiormente; per esempio l'Ungheria, secondo quanto dichiarato dal palatino conte Esterhazy nel 1698, in soli due anni di campagne aveva sborsato più denaro che in cento anni di dominazione ottomana. Il lavoro della commissione per la cassa generale di guerra si interruppe nella primavera del 1698 a seguito della morte del presidente della *Hofkammer*, il conte Siegfried von Breuner; quale successore fu nominato l'abile ed energico conte Gundacker von Stahremberg. La morte del conte von Breuner fornì l'occasione per una riforma interna della stessa *Hofkammer*, al fine di individuare quei ritardi e sprechi denunciati più volte negli anni precedenti. Vennero a questo modo scoperti numerosi casi di corruzione, tanto nell'esercito che nella stessa camera aulica; alcune indagini condotte dal commissariato di guerra svelarono come: "...dalle mani di certi ufficiali le competenze arrivano all'armata come gocce d'acqua attraverso uno straccio sporco." Una riforma di questo tipo non poteva altro che giovare all'economia del paese, ma nonostante il lavoro svolto dal nuovo presidente ponesse dopo tanti anni per la prima volta la mano sull'organizzazione, la disciplina e soprattutto la scelta degli uomini adatti al risanamento, i benefici della riforma si sarebbero visti soltanto dopo alcuni anni e così, per l'immediato, fu necessario ancora una volta ricorrere ai prestiti.

Il maggior creditore della casa d'Asburgo era Samuel Oppenheimer, banchiere di Heidelberg. Oppenheimer era finanziere, mercante e allo tempo stesso intermediario e conoscitore di tutti i mercati della Germania di quegli anni. Una figura tipica del suo tempo, il finanziere era l'unico ebreo al quale fosse concesso di risiedere in Vienna, nonostante dal 1670 una legge avesse costretto gli israeliti ad abbandonare l'Austria. L'ascesa di Oppenheimer, da semplice mercante a *Hof-Commissaer* e *Hof-Jud*, era iniziata nel 1677, quando - per effetto degli ottimi servigi resi all'esercito imperiale durante l'assedio di Philippsburg - era diventato il principale fornitore dell'esercito imperiale. In una economia completamente disastrata e in una situazione monetaria caotica, Oppenheimer riuscì ad affermarsi in mezzo a tutti i rischi e problemi che una attività come la sua comportava. Con gli anni il finanziere di Heidelberg e la *Hofkammer* erano entrati in un vero e proprio circolo vizioso; man mano che il debito cresceva, la posizione del creditore aumentò d'importanza, fino al punto che per ottenere qualsiasi rifornimento ci si doveva rivolgere all'onnipresente Oppenheimer. Del resto non vi era articolo che il finanziere non trattasse; Oppenheimer riforniva l'armata di tutti i generi, dalla farina ai bottoni delle uniformi. Nel 1698, ad esempio, si era impegnato in un contratto per la fornitura all'armata d'Ungheria di 2.280.000 kg di farina, più altri 448.000 kg. destinati ai magazzini sul teatro di guerra e 61.500 ettolitri di avena per cavalli. Il limitato bilancio a disposizione della *Hofkammer* non rese possibile la riorganizzazione del traino d'armata, ma nel qual caso carri e animali da tiro sarebbero stati forniti ancora da Oppenheimer. Alla fine del secolo il debito che Vienna aveva nei confronti del banchiere ammontava a quasi sei milioni di Fiorini, una somma ritenuta una fortuna considerevole per un solo uomo. Fra gli altri creditori di Casa d'Austria troviamo Samuel Wertheimer, finanziere sassone e genero di Oppenheimer e anche un banchiere italiano, Giovanni Battista Bortolotti, gestore del monopolio del sale della Moravia e della Nieder-Oesterreich. Ai primi di marzo del 1697, nel tentativo di riconquistare una maggiore indipendenza dai creditori e seguendo il consiglio del cardinale conte

▼ **Férenc II Rákóczy (1676-1735)** comandante e patriota ungherese. Guidò, in qualità di Principe di Transilvania, nel 1703-1711, la ribellione nazionale ungherese contro gli Asburgo. Dopo la sconfitta, si rifugiò sotto la protezione della Sublime Porta. Morì in Turchia. In Ungheria è considerato eroe nazionale.

Férenc II Rákóczy (1676-1735) Hungarian nobleman, he was the leader of the Hungarian uprising against the Habsburgs in 1703-11. He was also Prince of Transylvania, an Imperial Prince, and a member of the Order of the Golden Fleece. Today he is considered a national hero in Hungary.

Kollonics, la *Hofkammer* iniziò ad esaminare il progetto per la creazione di un consorzio di stato per l'approvvigionamento dei generi alimentari destinati all'esercito. A questo modo si calcolava di poter risparmiare 450.000 Fiorini ogni anno, ma in capo a soli cinque giorni di lavoro lo stesso Kollonics dichiarò che il progetto era irrealizzabile; la *Hofkammer* ritornò necessariamente ad avvalersi dell'operato di Oppenheimer, il quale "...si lagnò con la corte per essere stato disturbato nel suo lavoro..." e ottenne per questo condizioni ancora più favorevoli. Con l'inizio delle campagne di guerra per la successione al trono di Spagna e di fronte a un deficit incalcolabile, la posizione di Oppenheimer iniziò a diventare più insicura. Nei primi mesi del 1702, per poter completare l'armata e garantire il denaro per la campagna in Italia, la *Hofkammer* riuscì ad ottenere dal finanziere un prestito di cinque milioni di Fiorini. L'entità della somma da sborsare e le condizioni che la camera aulica era riuscita a estorcere, causarono a Oppenheimer molte preoccupazioni, tanto da minarne la salute e provocarne la morte nel marzo dell'anno seguente. L'emergenza finanziaria dei primi anni del secolo vide anche la comparsa di una serie di tassazioni straordinarie, alcune delle quali talmente singolari da destare stupore. Furono soggetti ad imposta i ricami delle cuffie femminili e le trine delle camicie; uno di questi balzelli ebbe una marcata ripercussione anche nell'esercito, ovvero la tassa sui galloni di filo dorato o argentato cuciti sui giustacorpi; l'introduzione di questa tassa, nell'estate del 1702, colpì soprattutto i dipendenti statali e i militari tanto che l'abbigliamento degli ufficiali, divenuto molto più austero, avrebbe diffuso in seguito una moda tipica del costume militare austriaco. La morte di Oppenheimer provocò in tutto lo stato un autentico terremoto, che nel giro di due anni avrebbe portato i paesi asburgici vicinissimi alla bancarotta. La direzione finanziaria era passata nelle mani del principe Johann Adam von Liechtenstein e del conte Gundacker Stahremberg, che erano riusciti a porre le basi per il risanamento della situazione creditizia attraverso la creazione dei primi istituti bancari non privati, ma sarebbero trascorsi anni prima di intravedere qualche miglioramento e poter dare un impulso alla ripresa finanziaria. Il tracollo della casa d'Asburgo era state annunciato più volte ma adesso, nei primi mesi del 1706 – e per diretta ammissione del presidente della *Hofkammer* - l'Austria era giunta a un passo dal baratro. E' noto come la guerra scoppiata in seguito alla contestata eredità del trono spagnolo sia stata finanziata per almeno tre quarti da Gran Bretagna e Province Unite dei Paesi Bassi, paesi divenuti ricchissimi grazie al volume commerciale delle loro flotte. Difficilmente l'ambiziosa politica del Re Sole sarebbe stata arrestata senza il concorso di queste grandi potenze e altrettanto difficilmente l'Imperatore avrebbe potuto continuare la guerra senza il loro sostegno finanziario.

▲ **Rudiger Stahremberg** (1638-1701) in qualità di presidente dello Hofkriegsrath fu fra i primi a intuire le grandi qualità di Eugenio di Savoia.
Count Ernst Rüdiger von Starhemberg (1638-1701) was the army commander of Vienna during the second siege of Vienna in 1683, imperial general during the Great Turkish War and President of the Hofkriegsrath.

Nonostante quasi tutte le fonti di reddito fossero finite sotto pesanti ipoteche, i prestiti delle 'Potenze Marittime' garantirono una relativa stabilità ai paesi asburgici e risollevarono non poco le condizioni delle sue truppe imperiali. L'entità del solo prestito concesso dalla Gran Bretagna all'Imperatore aumentava alla fine del regno della regina Anna a 15 milioni di Fiorini; è importante ricordare che il parlamento di Londra concesse questi prestiti solo dietro la garanzia che il denaro sarebbe giunto alle armate e direttamente tramite il presidente dello *Hofkriegsrath*, ovvero del principe Eugenio.

Un'altra boccata di ossigeno per il tesoro austriaco giunse anche dalla guerra in corso in Italia, specie dall'estate del 1706, con la vittoria ottenuta dal principe Eugenio sui franco-spagnoli a Torino. Gli imperiali ottennero il controllo di tutta la Pianura Padana e quasi tutti gli stati italiani, seppur neutrali, furono costretti al finanziamento delle operazioni militari nel resto della penisola. Le contribuzioni, in misura differente, colpirono tutti gli stati italiani a eccezione dello Stato della Chiesa e della Repubblica di San Marco, che però videro violati più volte i loro confini dal passaggio delle truppe di Vienna. I pagamenti, calcolati con il caratteristico cambio 'in pistole', divennero una triste consuetudine per i piccoli stati della penisola e cagionarono più volte attriti e violenza da una parte e dall'altra. Caratteristiche dei paesi asburgici nei primi anni del Settecento, furono anche le contribuzioni volontarie da parte nella nobiltà. Queste contribuzioni non si arrestarono mai del tutto, ma naturalmente questa pratica divenne particolarmente frequente nei difficili anni dal 1700 al 1706; nel solo 1702 giunsero alla *Hofkammer* quasi tre milioni di Fiorini sotto forma di regalie e altre donazioni private. Un altro espediente al quale si ricorse nei primi anni del conflitto per finanziare l'esercito, fu la confisca dei beni e la loro vendita. Sempre nel 1702 l'ipoteca sulle terre confiscate al ribelle principe ungherese Rackozy fruttò oltre due milioni di Fiorini.

Lo Hofkriegsrath

Il consiglio di guerra era divenuto un organismo permanente nel 1556, quando l'Imperatore Ferdinando I aveva deciso di mantenere in funzione questo ufficio anche in tempo di pace. Nel 1564 fu emanata una prima stesura del regolamento concernente l'attività dello *Hofkriegsrath*, compresa la prassi da seguire nelle riunioni e lo stile del carteggio. Nel 1615 una seconda serie di istruzioni regolamentarono ed ampliarono l'attività del consiglio, che da quella data estese la sua autorità anche sugli approvvigionamenti di armi, di munizioni e sulle officine militari, gli arsenali ed il naviglio fluviale. Nel 1675, durante il primo anno di regno di Leopoldo I, si giunse ad una nuova e più dettagliata stesura di regolamenti che fissarono le competenze del consiglio nelle seguenti attività:
1) l'applicazione della *Reichsmatricel*, ovvero il controllo che le disposizioni relative allo stato di forza, numero di uomini e reggimenti fossero conformi a quanto stabilito nelle ordinanze;
2) la proposta dei nominativi destinati al comando delle armate e i loro aiutanti, le proposte di promozione ai gradi superiori per gli ufficiali dello stato maggiore, il conferimento delle patenti per il grado di colonnello e la compilazione delle principali istruzioni per i comandanti d'armata;
3) la mediazione fra i comandanti e l'Imperatore riguardo le proposte e le relazioni da sottoporre al monarca, con la redazione finale delle disposizioni emanate;
4) il completamento dell'esercito, il rifornimento dei materiali da guerra e del vettovagliamento, la composizione

delle armate e il comando diretto dei reggimenti in tempo di pace e durante i quartieri d'inverno;
5) l'organizzazione e la compilazione delle principali istruzioni per il coordinamento del Treno d'armata;
6) il controllo degli arsenali, dei tecnici a questi addetti e dell'artiglieria delle fortezze;
7) la direzione del servizio delle fortificazioni, dei ponti militari, dei presidi e del naviglio fluviale;
8) la sorveglianza sulle questioni inerenti la giustizia ed il rispetto dei regolamenti giudiziari emanati dalla *Reichsmatricel*.
Gli ultimi quattro incarichi erano svolti con l'ausilio di uffici particolari che vedremo più avanti, mentre tutte le attività elencate erano coordinate con il *General Kriegscommissariat-Amt* e alla *Hofkammer*. La struttura interna dello *Hofkriegsrath* si componeva di un *Präsident* ed un *Vice-Präsident*, presenti in tutte le commissioni, e che dovevano riunirsi con un minimo di cinque consiglieri. Le commissioni per gli affari riguardanti il rifornimento e l'alloggiamento delle armate, la direzione degli arsenali, i presidi di confine, il naviglio fluviale e i regolamenti erano commissioni permanenti, mentre per gli altri casi si procedeva con riunioni straordinarie. Il quadro del personale dello *Hofkriegsrath* si componeva di 24 *Hofkriegsrathgeber* – consiglieri - dei quali quattro erano i relatori delle commissioni permanenti. Vi erano poi otto segretari più un piccolo numero di impiegati e commessi. I consiglieri dello *Hofkriegsrath* erano generalmente i più influenti fra i nobili della corte e del clero, così troviamo alla fine del XVII secolo un principe Lobkowitz e un Dietrichstein e in seguito, fra i prelati, l'abile cardinale Grimani. Il principale ed anche il maggiore lavoro che lo *Hofkriegsrath* doveva svolgere derivava soprattutto dal fatto che durante i quartieri invernali, tutte le questioni interne dei reggimenti dovevano essere curate dal consiglio in assenza del comandante in capo. I comandanti dei reggimenti, ovunque fossero dislocate le loro truppe, corrispondevano con Vienna per ogni problema di approvvigionamento, per la presentazione delle rassegne, ovvero per tutte le normali operazioni di servizio delle quali si occupava lo stato maggiore di un'armata.
Accadeva anche in tempo di guerra che i reggimenti non assegnati ad alcuna armata continuassero a rimanere sotto la direzione dello *Hofkriegsrath*, come ad esempio i due reggimenti di fanteria Alt-Daun (vedi nr. 5) e Hasslingen (1), il primo posto di presidio a Praga, e l'altro in Slesia, per quasi tutta la durata della guerra di successione spagnola. Da questa disposizione derivava che anche i reclami degli ufficiali inferiori ai loro superiori e le altre minime questioni di servizio finivano per essere esaminate dalla massima autorità militare, con comprensibile perdita di tempo e rallentamento delle altre attività. Difficilmente sarebbe stato possibile svolgere tutto questo immenso lavoro senza la proverbiale ostinazione che contraddistingueva i presidenti dello *Hofkriegsrath*. Uno di questi fu il conte Rüdiger Stahremberg, già comandante del presidio di Vienna durante l'assedio ottomano del 1683. Il conte venne nominato a capo dello *Hofkriegsrath* nel 1690, conducendo il suo ufficio durante il doppio conflitto che oppose la casa d'Asburgo a oriente contro La Porta e a occidente contro la Francia. L'anziano conte si dimostrò un eccellente continuatore dell'opera iniziata dal grande generale Raimondo Montecuccoli. Durante il suo lungo mandato l'esercito accrebbe gli effettivi passando dai circa 55.000 uomini del 1675 agli oltre 80.000 dell'ultimo decennio dei XVII secolo. Un non trascurabile merito del conte fu quello di essere stato uno dei primi ad accorgersi delle qualità del principe Eugenio di Savoia. La carriera del promettente ufficiale fuggito dalla corte del Re Sole fu contrassegnata dal sostegno che Stahremberg non mancò mai di fornirgli. La designazione del principe al comando dell'armata d'Ungheria nel 1697, culminata con la vittoriosa giornata di Zenta, fu ostinatamente sostenuta da Stahremberg, nonostante le delicate questioni politiche che si erano venute a creare riguardo quell'incarico.
La carica di presidente del consiglio di guerra veniva conferita con un mandato rinnovabile ogni due anni, ma quasi sempre l'ufficio durava a vita, ed infatti lo Stahremberg rimase a capo del consiglio fino alla sua morte, avvenuta nel 1701. Il nuovo presidente, il principe Heinrich Franz von Mansfeld-Fondi, non possedeva le stesse qualità del suo predecessore e la conduzione dello *Hofkriegsrath* finì per risentirne in misura notevole. Mansfeld fino allora aveva prestato servizio nell'esercito come commissario di guerra, prima di essere nominato consigliere nello *Hofkriegsrath*. Molto esperto nelle questioni amministrative e giurisdizionali dell'esercito, la sua designazioni a Presidente del consiglio era stata decisa con la speranza che attraverso un tecnico si potessero risolvere con maggiore successo i problemi economici che l'esercito era costretto ad affrontare. Travolto dai mille problemi di una situazione oggettivamente difficilissima, Mansfeld rassegnò le dimissioni nel marzo del 1702, avendo "...comunque sentito la sua insufficienza per quell'incarico, nonostante la benevola fiducia dell'Imperatore." Mansfeld rimase

in carica fino alla scadenza del suo mandato nella primavera del 1703, quindi rinunciò ad ogni incarico nell'esercito, cedendo anche la propria patente di colonnello proprietario di un reggimento di fanteria. La storia ci ha tramandato un ritratto del Mansfeld che lo descrive come un uomo fondamentalmente rispettoso dell'autorità, di carattere pacifico e laborioso, ma incapace di tentare quelle riforme che sarebbero state necessarie per garantire una più regolare conduzione degli affari amministrativi. Lo Stahremberg era stato un presidente 'soldato'; in lui erano radicate le esperienze accumulate nel corso delle campagne di guerra contro gli turchi e i francesi; gli erano perciò chiari i requisiti che occorrevano per organizzare un'armata efficiente e i risultati che si prefiggeva dovevano essere difesi, anche se significava entrare in disaccordo con la corte. Mansfeld invece, nonostante il suo indiscusso bagaglio tecnico, era privo del temperamento necessario "…l'attenzione per ogni dettaglio giuridico o amministrativo, gli faceva perdere di vista la globalità dei problemi che avevano portato a quello stato di cose". Ma riformare l'esercito, in fondo, significava anche rifondare l'intero stato e, come noto, risanare il bilancio. Il compito necessitava della concomitanza di molti fattori, senza i quali neanche il più abile dei funzionari avrebbe avuto successo. In questo scenario, quando la carica di President dello *Hofkriegsrath* venne conferita al principe Eugenio di Savoia, il partito dei "riformatori" vide nel principe italiano l'uomo sicuramente più indicato e forse l'unico a riunire assieme le doti di tecnico e di soldato necessarie per quell'incarico. Si deve comunque far notare che la maggior parte delle riforme intraprese dal principe furono possibili solo grazie all'Imperatore Giuseppe I, quando salì al trono nel 1705. Imperatore e capitano agirono si può dire sulla stessa lunghezza d'onda; la comunanza di intenti e un temperamento comune suggellarono il successo del loro lavoro. L'opera di organizzatore e direttore che il principe condusse fu senz'altro pari per grandezza a quella di condottiero; per oltre otto anni lavorò intensamente concentrando la sua attività su ogni aspetto della macchina militare imperiale e attraverso la sua direzione il consiglio di guerra riuscì a occuparsi in maniera diretta della formazione e della scelta degli ufficiali, eliminando la venalità dell'ufficio, fino ad allora vero e proprio monopolio riservato ai colonnelli proprietari. La vendita dei gradi - evoluzione delle "Regalia" medioevali, con la quale era uso recare un dono al signore che investiva un cavaliere - con gli anni si era trasformata in una vera e propria speculazione; del resto anche lo *Hofkriegsrath* riceveva 450 Fiorini come tassa per la patente di colonnello proprietario. Anche in questo caso fu necessario l'intervento diretto dell'Imperatore per proibire il

▲ **Raimondo Montecuccoli** (1609-1680), il famoso generale imperiale, celebre per le sue opere di trattazione teorica e filosofici. Montecuccoli ed Eugenio non si conobbero, ma l'opera del Savoia può essere considerata la continuazione di quella del suo illustre predecessore.

Raimondo, Count of Montecuccoli (1609-1680) was an Italian general who served for the Austrians, and was also prince of the Holy Roman Empire and Neapolitan duke of Melfi. As a general, Montecuccoli shared with Turenne and Condé the first place among European soldiers of his time. His Memorie della guerra profoundly influenced the age which followed his own.

▶ **duca Carlo V di Lorena** (1643-1690), cognato e General-Lieutenant dell'Imperatore Leopoldo I. Fu come aiutante del duca che Eugenio di Savoia partecipò alle prime azioni di guerra. Per tutta la vita il principe lo considerò un modello di virtù e di capacità militari da imitare.

Charles Léopold Nicolas Sixte (1643-1690) He was the titular Duke of Lorraine from 1675 to 1690, a time when Lorraine was occupied by France. He found refuge with the Habsburgs, in whose service he had a notable military career.

commercio dei gradi e battere l'ostinata resistenza dei colonnelli verso questa riforma. Assieme allo *Hofkriegsrath* di Vienna esisteva un secondo consiglio di guerra con sede a Graz, che continuò la sua attività fino al 1705. Si trattava dello *Inner-Oesterreich Hofkriegsrath*, creato nel 1578 per coordinare in maniera più sollecita gli affari militari sul confine sud orientale del paese. Le attività di questo consiglio erano le stesse dei colleghi viennesi, ad eccezione della autorità diretta per gli affari riguardanti le milizie confinarie. Quando poi con la pace di Carlowitz (1699) il pericolo di una guerra contro l'Impero ottomano si era considerevolmente allontanato dai confini dell'Austria, l'attività di questo consiglio si ridusse di importanza e, su proposta del principe Eugenio, l'Imperatore lo sciolse. Dal 1704 tutte le attività dello *Hofkriegsrath* di Graz vennero trasferite a Vienna. Alla vigilia dello scioglimento lo *Inner Oesterreich Hofkriegsrath* era formato da un *President* e quattro consiglieri: due per il ducato di Stiria, uno per la Karnthen e uno per la Krain, oltre un piccolo numero di impiegati, commessi e vari altri addetti.

General Kriegscommissariats-Amt.

La figura del Commissario di guerra esisteva nell'esercito dell'Imperatore già dai primi anni del XVII secolo. Nel 1650 fu istituita la carica di *General Kriegscommissar* con l'apposito ufficio a Vienna e tale nomina aumentò d'importanza fino a quando alla fine del secolo, divenne una carica di corte. A questo ufficio competevano la supervisione di tutti i rifornimenti destinati alle amate ed alle piazze fortificate, le rassegne degli stati di forza e il controllo dei pagamenti delle competenze in denaro alle truppe. Per tutti questi incarichi era collegato con lo *Hofkriegsrath* e, naturalmente con la *Hofkammer*. Dal 1695 La carica di *General Kriegscommisar* rimase vacante e la direzione dell'ufficio fu affidata a un reggente, detto *General Kriegscommissariats-Amt Administrateur* che fino al 1705 fu il barone von Ecker. Questi aveva ai suoi ordini uno o più *Obrist-Kriegscomsissar* i quali, mentre il titolare dell' ufficio rimaneva a Vienna presso la corte, questi ultimi si recavano alle armate con funzioni di direttori del commissariato campale, ovvero *Feldzug Commissariats-Amts-Directeur*. Al Commissariato di Vienna prestavano servizio anche tre segretari, un protocollista, un ragioniere con un aiutante, più un certo numero di impiegati di concetto. Dal *General Kriegscommissariats-Amt* dipendevano anche i commissari di distretto che avevano sede stabile nelle province dello Stato. Nel 1698 vi erano: un *Obrist Kriegs-Commissar* nella Ober Oesterreich, uno nella Nieder Oesterreich uno per l'Impero, uno in Moravia ed uno in Boemia assieme a due *Kriegs-Commissar*. Presso lo *Hofkriegsrath* di Graz vi erano fino al 1704 un *Obrist Kriegs-Commissar* e due *Kriegs-Commissar*, ovvero uno per la contea di Krain e uno per la Karnthen. L'Ungheria era divisa in sette distretti, dove agivano quindi sette commissari, infine in Transilvania c'erano un commissario capo e due commissari. Il principale degli incarichi dei commissari consisteva nella verifica delle rassegne degli stati di forza, eseguite presso i reggimenti o nei distretti all'atto della presentazione delle reclute. Per accertare il totale esatto delle competenze destinate alle truppe, i

commissari dovevano inviare all'ufficio di Vienna i resoconti delle rassegne generali, da effettuarsi due volte l'anno; inoltre ogni mese i commissari di guerra ricevevano dai commissari reggimentali i rapporti sullo stato di forza delle singole compagnie. Le reclute che giungevano all'armata erano presentate ai commissari di guerra, cui spettava l'ultima parola sull' idoneità dei nuovi arrivati. Anche le richieste di congedo di tutti i soldati e gli ufficiali fino ai gradi di capitano, a seguito della *Disciplinar Patent* del 1697, dovevano essere autorizzate dai commissari di guerra, mentre in precedenza erano i comandanti dei reggimenti che le accordavano in completa autonomia. Le due rassegne generali annuali, una effettuata durante i quartieri d'inverno e l'altra - la più importante, detta *Haupt-Musterung* – eseguita prima di entrare in campagna, avvenivano sotto la supervisione del commissario, il quale riceveva il rapporto dai commissari reggimentali. Costoro, nella *Haupt-Musterung*, eseguivano la rassegna delle compagnie di un altro reggimento, lasciando il proprio ad un altro commissario. Durante le rassegne si registravano tutti i casi anomali eventualmente riscontrati, per poi trasmettere una relazione completa al tutto al *General Kriegscommissariats-Amt* di Vienna. Poiché il denaro destinato ai reggimenti era calcolato sulla somma delle competenze stabilite nell'ultima rassegna mensile dell'unità, le irregolarità più frequenti consistevano nei tentativi di presentare uno stato di forza superiore alla realtà, il che spesso accadeva attraverso l'abuso dei cosiddetti *Blinde Leute* o degli *Strohmann*, letteralmente 'persone cieche' ovvero 'paghe morte' i primi, e uomini di paglia i secondi, cioè i simulacri di soldati usati in addestramento. Al *General Kriegscommissariats-Amt* di Vienna prestavano servizio nei primi anni del XVIII secolo 15 *Obrist Kriegscommissar* e 56 altri *Kriegscommissar*; inoltre erano presenti un consigliere della *Hofkammer*, due ufficiali - dei quali uno impiegato come direttore della cancelleria - più gli scrivani e i commessi. Il totale del personale del commissariato variò notevolmente nel corso degli anni.

Obrist-Proviant- Amt (Ufficio superiore della provianda)

Tramite questo ufficio, soggetto all'autorità dello *Hofkriesrath* di Vienna, era organizzato il rifornimento di 'munizione da bocca' per le armate. L'attività dell'ufficio era sottoposta per la parte economica alla ratifica della *Hofkammer* e subordinata al controllo del commissariato di guerra, autorità presso la quale il direttore dello *Obrist-Proviant Amt* doveva rivolgersi per tutte le comunicazioni con lo *Hofkriesrath*. A capo dell'ufficio di *Obrist-Proviant Amt* era nominato un *Obrist* e un luogotenente, che talvolta si ritrovava a essere il solo direttore del servizio, coadiuvato da un *Gegenhandler* - controllore - un tesoriere, tre *Proviant-Offizier*, due o più *Ober-Backer* - capi fornaio – più un piccolo numero di altri impiegati e commessi. Per il servizio di provianda alle armate venivano allestiti gli stati maggiori di provianda con a capo un *Proviant-Meister*. Era costui che riceveva il fabbisogno dei generi di vettovagliamento necessari all'armata tramite il commissario di guerra presente all'armata. In ogni distretto del paese si allestivano anche gli uffici per l'approvvigionamento, con a capo un *Proviant-Administrateur*, un *Obrist Proviancommissar* ed un numero variabile di altri ufficiali e altri addetti quali macellai, fornai ecc. I *Proviant-Meister* e i *Proviant-Administrateur* curavano anche l'approvvigionamento della rete di magazzini campali delle rispettive province e amministravano il denaro per l'acquisto dei generi alimentari. Durante i mesi invernali lo *Obrist-Proviant Amt* dedicava la sua attività alla preparazione delle scorte per l'anno seguente, poiché - fino al 1703 e ad eccezione dei presidi di confine particolarmente numerosi - le truppe venivano ricoverate preso le città e i villaggi vicini al teatro d'operazione. Il mantenimento delle truppe passava interamente a carico delle autorità civili, le quali defalcavano le spese sostenute per mantenere i militari dal pagamento delle imposte. L'ordinanza emessa nel 1697 prescriveva per gli ufficiali e gli appartenenti alla *Primaplana* - letteralmente prima pagina del libro di ruolo del reggimento - l'alloggio presso i civili per loro ed eventualmente i loro servi, nonché la stalla per i cavalli in ragione del loro grado. Il vitto e il foraggio gli veniva fornito con un assegno della *Hofkammer* tramite lo *Obrist-Proviant Amt*. Tutti i sottufficiali con gli altri graduati di truppa e i comuni ricevevano dai civili assieme all'alloggio anche il vitto. Gli ufficiali dei reggimenti, i commissari reggimentali ed il *Proviantscommissar* del distretto dovevano controllare che il vitto fosse sufficiente e, se venivano riscontrate irregolarità, l'ospite era multato con 50 Gröschen per ogni giorno di cattivo trattamento. E' semplice immaginare come questo sistema provocasse scontento tanto fra i civili quanto fra i soldati: mentre i primi si ritrovavano in casa un estraneo, che il più delle volte non

▶ **Consiglio di guerra** tra il principe Eugenio di Savoia (a sinistra) Ludwig del Baden al centro e il Duca di Marlborough seduto.

War council between Eugène Von Savoy at left, Ludwig of Baden and the Duke of Marlborough (seated).

esitava a ricorrere alle autorità che lo tutelavano, il soldato era spesso mal tollerato dai suoi ospiti, e accanto ai rari casi in cui il militare collaborava all'economia familiare con qualche lavoro, numerosi furono gli incidenti, talvolta, anche mortali. Quando poi le truppe alloggiavano in paesi poveri, come in Ungheria durante le campagne dal 1684 al 1699, rispettare questa ordinanza diventava molto difficile. Il soldato aveva diritto in quel caso all'alloggio, ma il vitto si riduceva a un chilogrammo e mezzo di pane di segale al giorno e ad un Fiorino e 30 Gröschen al mese. Se l'ospite non poteva fornire né il vino o la birra, in ragione di un boccale al giorno, questi doveva a pagare il cosiddetto *Weinthaler*, il tallero del vino. Questa ordinanza rimase in vigore fino agli inizi del XVIII secolo, finché dal 1703 - con una delle riforme introdotte dal principe Eugenio - il sistema fu abbandonato. Da questa data gli alloggiamenti invernali furono gestiti raccogliendo le truppe in luoghi fortificati o in fabbricati abbandonati vicini al teatro delle operazioni. Il compito di rifornire le truppe ritornò interamente all'ufficio della provianda, che nel 1706 mutò il proprio nome in *General Proviant-Amt*. L'approvvigionamento dei generi alimentari per l'esercito consisteva essenzialmente nel pane per le truppe e il foraggio per i cavalli e per gli altri animali da tiro. Il metodo di rifornimento più comune era quello offerto dai *Subarrendatoren*, ovvero dai grossisti che operavano nelle vicinanze del teatro di guerra e che solitamente lavoravano con l'esercito. Tuttavia questo sistema non sempre era praticabile, poiché nei paesi poveri scarseggiavano quasi sempre le risorse ed era necessario trasportare le scorte da molto lontano per poi raccoglierle nei magazzini. A questo modo la fornitura dei generi di vettovagliamento per l'Ungheria fu svolta per intero dall'ufficio della provianda a Vienna, che stipulava i contratti con i grossisti austriaci e ne dirigeva lo smistamento. Il metodo dei *Subarrendatoren* aveva però molti lati negativi. Accadeva spesso che le merci giungessero avariate, vuoi per il lungo tragitto da percorrere o per i tentativi di frode e di speculazione illecita, ma soprattutto perché la *Hofkammer* - ritardando i pagamenti - lasciava la provianda alla mercé dei grossisti. Può sembrare singolare che negli atti relativi all'acquisto di generi alimentari figurassero solo il frumento per i cavalli e la farina per il pane delle truppe, mentre non vengono mai menzionate altri generi. L'esercito si limitava infatti solo a fornire il pane, mentre per il resto il vitto era calcolato sulle competenze in denaro che i soldati ricevevano, dette *Mund-Portionen*. Erano perciò i soldati stessi che provvedevano all'acquisto del rimanente del loro vitto, approvvigionandosi dal fondo della compagnia o dai vivandieri accreditati dall'ufficio della provianda. I dati desunti dalle tabelle del tempo ci forniscono un idea su come fosse calcolato il rapporto competenze-razioni e come questo rapporto, proprio sulla ricchezza del vitto, costituisse la base della paga del soldato. In definitiva, di tutti gli organismi della direzione militare, il lavoro dell'ufficio di provianda fu: "...il più complicato ed impacci oso (sic)". La ristrettezza di bilancio che nei primi anni del Settecento contraddistinse l'esercito dell'Imperatore, rese difficilissimo il lavoro di approvvigionamento, con drammatiche conseguenze per le truppe. La fame cronica dei soldati imperiali divenne proverbiale e a farne la spiacevole esperienza furono soprattutto i civili italiani degli stati neutrali della Pianura Padana, i quali subirono il peso delle campagne dal 1701 al 1706. Il miglioramento della situazione economica ed il profondo rinnovamento dell'amministrazione militare avvenuto sotto l'Imperatore Giuseppe I, coincise con la nomina a capo dello *Obrist-Proviant Amt* del valente Johann Georg Harrucker. Nativo della Ober-Oesterreich, Harrucker aveva lavorato inizialmente come impiegato alla *Hofkammer*, fino a quando, nel 1692, era stato nominato *Proviant-Commissar* con il suo passaggio al commissariato di guerra. Nel 1697 fu assegnato allo stato maggiore dell'armata d'Ungheria sotto il Principe Eugenio, il quale non tardò ad accorgersi del talento del suo commissario. Nel corso della guerra di successione spagnola il loro rapporto di lavoro si consolidò ulteriormente, fino a quando il principe, divenuto *President* dello *Hofkriegsrath*, propose nel 1706 Harrucker alla guida del nuovo General *Proviant-Amt*. L'opera svolta dal nuovo direttore portò i risultati sperati, ottenuti non senza molteplici difficoltà, dieci anni più tardi, quando al riaccendersi delle ostilità contro l' Impero Ottomano, si fu in grado di pianificare il rifornimento della grande armata raccolta con eccezionale tempestività. Perfino durante i difficili mesi dell'assedio di Belgrado il costante rifornimento delle truppe contribuì non poco a mantenere alto il morale dell'armata. Per i suoi servigi resi alla casa d' Austria, nel 1718 Harrucker fu creato nobile dall'Imperatore Carlo VI; terminò la sua carriera come consigliere della *Hofkammer*, dopo aver ricevuto il titolo di barone e la rendita di numerosi possedimenti in Ungheria.

Obrist Mustemeister Amt (Ufficio superiore delle rassegne)

Questo ufficio ricopriva le stesse funzioni del *General Kriegscommissariats-Amt* per le questioni inerenti i confini militari, i relativi corpi dei confinari e il reggimento della guardia cittadina di Vienna. Lo *Obrist Mustermeister Amt* si occupava anche dell'approvvigionamento per le milizie confinarie. L'ufficio direttivo aveva sede a Vienna e ospitava un *Obrist Mustermeister*, due *Muster-Commissar* più un certo numero di addetti e impiegati. In ogni distretto militare e presso i generalati di confine erano presenti uno o più ufficiali dello *Obrist Mustermeister Amt*.

Obrist Land und Haus-Zeug Amt (Ufficio superiore degli arsenali)

A questo ufficio competevano l'amministrazione e la direzione della produzione di tutto il materiale dell'artiglieria e l'armamento delle truppe. A capo dell'ufficio agiva un *Obrist-Land und Haus-Zeugmeister*, nominato dall'Imperatore su proposta dello *Hofkriegsrath*. Questi ricopriva contemporaneamente anche le funzioni di soprintendente dell'arsenale principale di Seilerstatte in Vienna, mentre gli altri arsenali erano diretti da ufficiali denominati *Zeugwarte*, i cui incarichi differivano da una località all'altra, contestuali al tipo di produzione dell'arsenale in cui operavano. La nomina a *Zeugwarte* era fatta mediante proposta del direttore dell'ufficio superiore degli arsenali al consiglio di guerra, il quale rilasciava l'apposito brevetto. Già alla metà del XVII secolo l'attività dello *Obrist Land und Haus-Zueg Amt* si era rivelato poco soddisfacente, nonostante l'elevato esborso di denaro che gli arsenali richiedevano. Nel corso dell' ultimo decennio del XVII secolo i risultati erano stati così modesti che il consiglio di guerra aveva dovuto rivolgersi all'estero per l'acquisto delle armi e delle polveri. Nel 1701 fu istituita una commissione per la riforma dell'ufficio, ma soltanto nel 1704 fu possibile iniziare il lavoro di riorganizzazione delle attività. Si lasciò immutata la struttura della direzione generale, ma il controllo dei quattro principali arsenali oltre quello di Vienna, cioè Praga, Ofen (Buda), Karthaus e Hermanstadt in Transilvania, passarono sotto la supervisione dello *Obrist Land und Haus-Zeugmeister*, attraverso la nomina dei nuovi *Zeug-Lieutenant*. In questi cinque arsenali-officina si concentrava la produzione delle armi e delle polveri, nonché la fornitura delle materie prime da destinarsi agli arsenali minori, che furono suddivisi in cinque classi a seconda del tipo di produzione svolta, fatta eccezione per gli arsenali dell'arciducato d'Austria, che mantennero il vecchio ordinamento. Il personale dello ufficio superiore degli arsenali di Seilerstatte era composto da un *Secretar*, uno *Zahlmeister* (ufficiale pagatore), un *Oberfeuerwerksmeister* (capo artificiere), oltre ad un certo numero di *Stuckschneider* (i modellatori delle bocche da fuoco) e il personale tecnico con i loro aiutanti.

Fortifications-Bau-Zahl-Amt (Ufficio per l'amministrazione delle fortificazioni)

Anche questo ufficio era subordinato allo *Hofkriegsrath*, che designava il personale tecnico costituito dagli *Ingenieur*. Tutti i lavori riguardanti la manutenzione o la realizzazione di nuove opere fortificate erano dirette da questo ufficio tramite il *Kaiserlicher Fortifications-Bau-Zahlteister*, a cui incombevano anche i rifornimenti di materiale da guerra e gli approvvigionamenti alimentari di tutte le piazze fortificate. L'ufficio delle fortificazioni si componeva inoltre di un *Obrist-Lieutenant*, uno *Chef-Ingenieur* con un *Ingenieur* anziano, un *Amts und Einlass-Einnehmer* (verificatore amministrativo) con altri sei *Einlass-Einnehmer*, più un numero variabile di *Commissär* itineranti, che svolgevano il lavoro amministrativo spostandosi fra i luoghi fortificati del loro distretto. A questo personale tecnico andava ad aggiungersi quello formato dalle maestranze specializzate, composto da un capomastro muratore, un capo falegname con un aiutante e quattro sorveglianti. Poiché nell'esercito

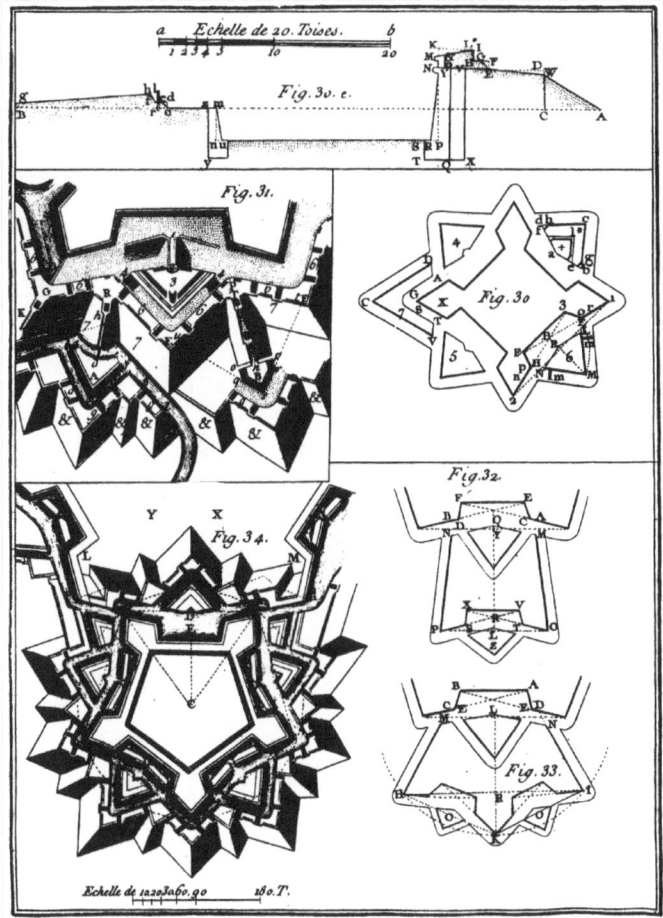

▲ **Fortificazioni e piazzeforti del 1700**. Tavola tratta dall' Encyclopedie Francaise.

Fortifications of 1700 Table treats from the Encyclopedie Francaise.

dell'Imperatore, fatta eccezione per il corpo dell'artiglieria, non esistevano compagnie di genieri, quando si rendeva necessario il ripristino di un qualche luogo fortificato o l'edificazione di nuove opere, si ricorreva a personale privato diretto dai tecnici del *Fortifications-Bau-Zahl-Amt*. Quando i lavori si svolgevano lontano dalla capitale il solo rappresentante dell'ufficio era l'ingegnere designato dallo *Hofkriegsrath*, mentre il resto del personale, quando era possibile, lo si formava ricorrendo ai privati oppure ai soldati delle vicine guarnigioni.

Va detto a questo proposito che i soldati imperiali si dimostrarono maestranze all'altezza dei compiti e, quando ben dirette, furono in grado di realizzare opere di buon livello, quali l'imponente Kuruzzenwall nella Bassa Austria, ancora in buono stato agli inizi del secolo scorso.

Obrist Schiff und Brücken Amt (Ufficio superiore dei ponti e del naviglio fluviale)

Mentre tutti gli uffici finora incontrati avevano un carattere esclusivamente militare, questo dipartimento era adibito anche all'amministrazione dei pedaggi per il transito sui ponti e sui traghetti del Danubio e degli altri fiumi navigabili. Le competenze militari erano rappresentate dalla direzione del servizio di guardia fluviale e dalla amministrazione dei ponti militari. Per questo motivo nello *Obrist Schiff und Brucken Amt* vi era un *Brücken-Amts Hauptmann* con altri ufficiali a lui subordinati. Si attribuiva giustamente molta importanza al buon assetto dei pontoni militari e alla loro conservazione e tutela. Gli ufficiali dell'ufficio dei ponti avevano una maggiore autorità rispetto ai loro parigrado del resto dell'esercito, e i loro sottoposti non ricevevano alcun ordine da un ufficiale che non appartenesse al corpo dei pontieri; in mancanza di un ufficiale il comando spettava ad un sottufficiale o a un graduato di truppa.

Pene severissime erano riservate a chi sottraeva o danneggiava il materiale dei ponti. Se per un qualsiasi motivo un comandante di corpo, o anche il generale in capo di un'armata ordinava la requisizione di una barca da pontone, doveva - tramite il commissario campale del commissariato guerra – trasmetterne la comunicazione all'ufficio dello *Obrist Schiff und Brucken Amt* a Vienna.

Di importanza non inferiore era anche il servizio del naviglio, se si considera che tanto sul fronte renano che su quello ungherese, il rifornimento alle armate giungeva quasi completamente per via fluviale. Nel 1704 allo *Obrist Schiff und Brucken Amt* fu dato l'incarico di costituire un servizio autonomo di ponti e navigli per l'Ungheria e a questo scopo depositi di barche e attrezzatura furono allestiti a Komorn, Pressburg, Gran, Pest, Eseg, Peterwardein e Szeged, con relativi corpi tecnici e vetture per i pontieri; per il naviglio i distaccamenti furono allestiti sulla Theiss e a Szentes e Kanisza sul Danubio. Il totale degli addetti di ciascun distaccamento variava notevolmente da un luogo all'altro.

A Pest, ad esempio, il distaccamento pontieri era formato da un *Oberbrücken-Knecht* (capo pontiere), un luogotenente. 12 pontieri, 104 manovali e 23 conducenti. La ribellione guidata dal principe Rackozy, che dilagò dal 1703 fino al 1711 in tutta l'Ungheria, fece decadere notevolmente il servizio; tuttavia l'efficienza del servizio di ponti e del naviglio ungherese dette buoni risultati durante la campagna del 1717 contro gli ottomani. La disponibilità nelle retrovie di una struttura in grado di allestire un efficiente trasporto fluviale rese possibile una puntuale rete di comunicazioni e di rifornimento, che portò in breve tempo al blocco di Belgrado. Va specificato che il naviglio da guerra non dipendeva dallo *Obrist Schiff und Brucken Amt*, bensì dall'ammiragliato del Danubio con sede a Vienna. La sua organizzazione interna e le peculiarità di questa forza armata erano simili a quelle del naviglio di mare. La massima carica dell'ufficio dei ponti rimase per oltre sessanta anni ad appannaggio della famiglia Gostinger.

Dal 1651 il comando era stato retto dallo *Obrist-Lieutenant Johann Ludwig* quindi, come segno di riconoscenza per il lungo e fedele servizio svolto, l'incarico passò nel 1704 al figlio Franz Anton.

▲ **Un generale imperiale dipinto da Richard Ottenfeld** per le illustrazioni del libro di Otto Teuber "Die Oesterreichische Armée, 1700-1867". La parte relativa agli anni del principe Eugenio, non è trattata dal Teuber con la stessa dovizia di notizie con la quale illustra i periodi successivi, tuttavia Ottenfeld si documentò sempre accuratamente per i suoi quadri. In questo caso si ispirò a un ritratto del margravio Ludwig del Baden. Il giustacorpo del margravio era rosso vermiglio con decorazioni e bottoniere giallo oro.

An imperial General painted by Richard Ottenfeld for the illustrations of the book of Otto Teuber "Die Oesterreichische Armée, 1700-1867."

A1- Feld-Marschall Eugenio Principe di Savoia, 1704.
A2- Generale di cavalleria Bernard Ludwig Herzog von Württemberg, 1704.
A3- Generale Kriegs-Comissär, fine XVII sec.
A4- Generale-Aiutante, fine XVII, inizio XVIII sec.

TAVOLA A

B1- Picchiere: Reg. zu Fuss Nikolaus Palffy (4), ca.1700
B2- Musketier Gemeiner: Reg. zu Fuss Sachsen-Koburg (25) ca 1690.

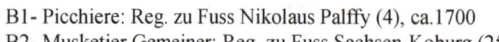

TAVOLA B

C1- Grenadier Gemeiner: Reg.t zu Fuss Guttenstein (24), 1699.
C2- Musketier Gemeiner: Reg.t zu Fuss Anhalt-Dessau (21), ca 1690.

TAVOLA C

D1- Obrist: Reg. zu Fuss Osnabrück (39) 1701.
D2- Musketier Tambour: Reg. zu Fuss Nigrelli (18), 1703.
D3- Musketier Gefreiter: Reg. zu Fuss Nigrelli (18), 1701-02.

TAVOLA D

E1- Musketier Feldwebel: Reg.t zu Fuss Württemberg (10), 1703.
E2- Musketier Gemeiner: Reg.t zu Fuss Kriechbaun (6), ca.1705.
E3- Grenadier Korporal: Reg.t zu Fuss Wallis (21), 1705.

TAVOLA E

F1- Hajduck Kapitàn, Hajducken Reg. Andrassy (H3), ca.1703.
F2- Musketier Gemeiner: Reg. zu Fuss Königsmark, Niedersächsischer Kreis (NS4), 1690.

TAVOLA F

G1- Musketier Lieutenant: Reg. zu Fuss Ansbach, Fränkischer Kreis (F3), 1702.
G2- Grenadier Gemeiner, Reg.t zu Fuss Bayreuth (37), ca 1701.

TAVOLA G

H1- Croater, Croater Bat. Mallenich (Cri) (ca.1704)
H2- Croater, Croater Bat. Mallenich (Cri) (ca.1704)
H3- Hajduck, Hajducken Reg.t Palffy (H2), ca.1696.

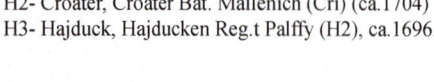

TAVOLA H

General Feld-Kriegsauditoriats-Amt (Ufficio generale del tribunale di guerra)

Attraverso questo ufficio si curavano tutte le questioni concernenti l'esercizio della giustizia militare e ai suoi vertici stava il *General Feld-Kriegsauditor*, incarico rivestito da un consigliere dello *Hofkriegsrath*, che al tempo stesso era anche il relatore della commissione del consiglio di guerra. La posizione di questo ufficiale era considerata di notevole importanza, dato che per tutte le questioni giuridiche militari il suo parere era richiesto anche dall'Imperatore.

Il *General Feld-Kriegsauditor* era affiancato nel suo lavoro da un luogotenente. La loro sfera di competenze abbracciava tutti quei casi che, nel complesso sistema giudiziario dell'esercito dell'Imperatore, esulavano dalla giurisdizione dei reggimenti o dei comandanti delle armate. Accadeva abbastanza spesso che il luogotenente del tribunale di guerra si recasse alle armate per dirimere i casi più controversi. Al *General Feld-Kriegsauditoriats-Amt* era collegato il tribunale imperiale di guerra di Vienna, dove si esaminavano i processi a carico dei militari di quel distretto. Nel 1702 il personale del tribunale era composto da uno *Schultheissen Auditor*, uno scrivano, quattro assistenti, un *Weibel* (sottufficiale), un *Regiments-Profoss*, due sostituti e un boia. In ogni distretto militare c'era inoltre un ufficio del *General Feld-Kriegsauditoriats-Amt* che soprintendeva, attraverso lo *Schultheissen Auditor* locale, al tribunale di guerra ivi presente. Il caso di maggior rilevanza esaminato dal tribunale di guerra fu senza dubbio il processo contro i responsabili della resa di Alt-Breisach, avvenuta nel settembre del 1703. Il caso, discusso dal tribunale militare di Bregenz, vide coinvolti due generali italiani al servizio dell'Imperatore, il Feldmarschall-Lieutenant conte Filippo D'Arco e il General-Wachtmeister Ferdinando Marsigli.

La capitolazione della fortezza avvenne in circostanze tali che il tribunale giudicò colpose e, per quanto riguardava il D'Arco, aggravate dall'accusa di tradimento. Il primo dei due ufficiali venne condannato alla pena capitale, mentre il Marsigli, nonostante il suo lusinghiero passato, fu radiato dall'esercito. A parte questi casi, il *General Feld-Kriegsauditoriats-Amt* doveva esaminare anche le accuse dei civili a carico dei militari, soprattutto per i casi di abuso di autorità e più spesso per debiti, ma per tutti quei casi che avvenivano fuori dai confini dello stato, era il comandante in capo di un armata che si riservava la decisione di istituire o meno i processi.

▶ **Punizioni corporali di militari**, da una vecchia stampa dei primi del 700. Collezione dell'autore.

Bodily punishments of soldiers, from a XVIII cent. printout. Collection of the author.

▲ **Il margravio Ludwig Wilhelm von Baden-Baden (1655-1707),** General-Lieutenant dell'Imperatore dal 1693. Dopo le sue vittoriose campagne in Ungheria contro gli Ottomani, gli ultimi anni furono amareggiati dalle difficoltà politiche ed economiche all'interno della Reichsarmée, che fu al suo comando dal 1694 al 1697, nella guerra del Palatinato e fino alla sua morte, nella successione spagnola.

Louis William, Margrave of Baden (1655-1707) was the ruler of Baden in Germany and chief commander of the Imperial army. He was also known as Türkenlouis (Turk Louis).

GENERAL STAB - GLI STATI MAGGIORI GENERALI

Il capo supremo dell'esercito era l'Imperatore e con la sua ratifica venivano conferiti i comandi delle armate ai candidati proposti dallo *Hofkriegsrath*. Quando invece le armate comprendevano contingenti dei circoli la ratifica finale spettava alla dieta. Il concetto di stato maggiore iniziava ad assumere un significato coerente proprio verso la fine del XVII secolo, ma nell'origine dei gradi sopravviveva ancora l'antica terminologia dei 'codici lanzichenecchi' di Massimiliano d'Asburgo. In origine, infatti, il grado di *Feldzeugmeister* identificava principalmente il comandante dell'artiglieria, mentre il *General Wachtmeister* era il responsabile delle ronde, mentre ormai si trattava solo di una particolarità della terminologia tradizionale, legata ai significati originali degli incarichi di servizio, e non aveva alcun riferimento con il tipo di truppe al loro comando o a incarichi particolari.

Tutti gli ufficiali assimilabili al grado di generale e tutto il personale addetto alla direzione e all'amministrazione di un'armata apparteneva al General Stab, diviso in Gross e Klein General Stab. Al primo appartenevano tutti i Generali e i direttori dei vari incarichi amministrativi, mentre del secondo facevano parte il personale aiutante e quello dei servizi logistici. Il grado più elevato era quello di *General Lieutenant* ed era il vicario dell'Imperatore nell'esercito; con il comando supremo deteneva anche la giurisdizione su tutte le truppe. Dal 1695 questo grado venne ricoperto dal margravio Ludwig Wilhelm di Baden-Baden, il popolare 'Turkenlouis', principe del ramo cattolico della famiglia di Zahringen, che fu anche il comandante dell'armata dell'Impero sul Reno a partire dal 1694. Alla sua morte, avvenuta il 4 gennaio 1707, il grado rimase vacante fino al 1710, quando venne conferito al principe Eugenio di Savoia, nonostante ricoprisse già la carica di presidente dello *Hofkriegsrath*. Immediatamente dopo il *General Lieutenant* seguivano i *Feld-Marschall* e normalmente era questo il grado dei comandanti delle armate. Non era raro il caso in cui vi fossero contemporaneamente due *Feld-Marschall*, dei quali uno era lo 'Adlatus' del comandante in capo e lo coadiuvava nella direzione di armate di grandi dimensioni. Ma più spesso la presenza di due, o talvolta tre *Feld-Marschall*, era dettata da motivi politici; altre volte accadeva per volontaria presenza dei *Feld-Marschall*, come nel caso del conte Siegbert Heister che - a settantadue anni - si offrì come Adlatus nell'armata d'Ungheria per la campagna del 1716. Nonostante la presenza di questi vecchi ufficiali fosse accettata soprattutto come un atto di riguardo per il lungo servizio svolto, molto spesso la loro attività alle armate continuò febbrilmente anche negli ultimi giorni di vita. Per esempio il conte Thungen, il barone Kriechbaum e lo stesso conte Heister morirono di vecchiaia poche settimane dopo aver lasciato le truppe nei quartieri d'inverno. Ai *Feld-Marschall* seguivano in ordine gerarchico i *General der Cavallerie* e i *Feldzeugmeister*, equivalenti in linea gerarchica fra loro e distinti esclusivamente dal fatto che, mentre al primo grado accedevano gli ufficiali con maggiore esperienza nella conduzione di cavalleria, al secondo venivano nominati quelli della fanteria e dell'artiglieria. Tanto gli uni come gli altri potevano comunque trovarsi al comando di corpi combinati di tutte le armi, anche autonomamente, come accadde nell'armata d'Italia nel 1704 quando questa rimase al comando del *Feldzeugmeister* Guidobald Stahremberg in Piemonte e del *General der Cavallerie* Leiningen in Lombardia. Il grado di *Feldzeugmeister* conservava ancora qualcosa della sua originaria qualifica tecnica, in quanto costui poteva essere consultato dal comandante in capo come consulente per le operazioni di assedio o per la difesa di una piazzaforte; per questo motivo accedevano al grado quegli ufficiali che, a giudizio dello *Hofkriegsrath*, avevano raggiunto una sufficiente preparazione su queste materie. Il *Feldzeugmeister* era anche il grado più elevato nel corpo dell'artiglieria e su questa estendeva la sua giurisdizione indipendentemente dai comandanti in capo.

Sia come comandanti di corpi separati, sia agli ordini dei superiori, *General der Cavallerie* e *Feldzeugmeister* si occupavano personalmente delle rassegne mensili assieme ai commissari e, a turno, rimanevano con le truppe durante i quartieri d'inverno. Tutti questi ufficiali prendevano parte ai *Kriegsrath* - Consigli di guerra - che si tenevano all'inizio delle campagne o prima di ogni operazione di un certo rilievo. Tale consuetudine veniva espressamente raccomandata dallo *Hofkriegsrath* e il mancato rispetto di questa era giudicato come un fatto grave e pregiudizievole per la buona condotta di un'armata. Ai *Kriegsrath* potevano partecipare in via eccezionale anche i generali in sottordine, ma questo avveniva sole se richiesto dal comandante in capo, oppure se il numero di alti ufficiali era insufficiente, o infine se nell'armata vi erano truppe alleate, il cui comandante non aveva un grado equivalente ai *Feldzeugmeister* o ai *General der Cavallerie*. I gradi di generale in subordine erano quelli di *Feldmarschall-Lieutenant* e di *General-Wachtsmeister*, i quali nel dispositivo di battaglia avevano il comando di una parte della fanteria, della cavalleria o dell' artiglieria; raramente potevano trovarsi al comando di corpi autonomi di tutte le armi, ma in prossimità del nemico erano quasi sempre i *Feldmarschall-Lieutenant* che conducevano l'avanguardia o la retroguardia dell'armata e per questo, solitamente, la promozione a quel grado rappresentava il primo concreto riconoscimento per un ufficiale, nonché un premio per il servizio prestato da subordinato. I *General Wachtmeister* occupavano a loro volta il primo gradino nella scala gerarchica del *General Stab* e avevano il comando di piccoli corpi di 2-5 battaglioni o squadroni, oppure di un certo numero di batterie di artiglieria. Quasi sempre gli ufficiali che ricevevano la patente di *Obrist Inhaber* - colonnello proprietario - se non detenevano già un grado più elevato erano promossi a *General Wachtmeister*: In genere questi ultimi costituivano la massa indistinta degli ufficiali di stato maggiore ed erano dotati di preparazione ed esperienza il più delle volte non omogenea, caratteristica di tutti gli stati maggiori di quel tempo. Fino al 1705 le promozioni erano concesse molto di frequente, grazie all'atteggiamento sempre molto benevolo che l'Imperatore Leopoldo I aveva nei confronti dei suoi generali. Infatti alla sua morte l'esercito contava 22 *Feld-Marschall*, 11 *General der Cavallerie*, 11 *Feldzeugmeister*, 36 *Feldmarschall-Lieutenant* e 60 *General Wachtmeister*, dei quali almeno un terzo rimaneva per forze di cose senza incarichi, sia per motivi di anzianità sia perché il loro numero era effettivamente esuberante. Le promozioni registrarono un sensibile rallentamento durante il regno di Giuseppe I, ma tornarono ad aumentare con Carlo VI e in particolare ne furono beneficiati gli ufficiali spagnoli che avevano seguito il monarca nel 1714, dopo che gli Asburgo avevano rinunciato all'eredità di Carlo II. Il fascino e l'influenza che i membri della Corte di Spagna continuarono a esercitare sull'Imperatore furono il tratto caratteristico dei suoi anni di regno. Al *Gross General-Stab* apparteneva anche il *General Quartiermeister*, incaricato della direzione dei servizi logistici dell'armata e della scelta delle strade da percorrere; per questo incarico la sua attività si svolgeva in contatto costante col comandante in capo. Assieme a questi il *General Quartiermeister* partecipava ai consigli di guerra e aveva ai sui ordini un *General Quartiermeister-Lieutenant*, appartenente al *Klein General-Stab*. Il vertice dello stato maggiore si completava con la presenza di un *General Auditor* per le questioni giudiziarie, di un *General Proviant-Meister*, direttore del servizio di provianda per l'armata, e di un *General Stab Pater*, incaricato del culto religioso. Se l'armata era di grandi proporzioni era assegnato anche un *General Wagenmeister*, coadiuvato dal *Wagenmeister Lieutenant*, appartenente però al *Klein-General Stab*. A questi ufficiali competevano tutti gli affari riguardanti il treno d'armata, i veicoli, i conducenti e gli animali da tiro, nonché il coordinamento dei *Wagen-meister* reggimentali, In assenza del *General Wagenmeister*, il *Wagenmeister Lieutenant* restava comunque presente nelle armate come titolare del servizio del treno. Il lavoro di cancelleria dei *General-Stab* era affidato ai *Feldkriegs Secretar*, mentre le incombenze relative agli alloggi dello stato maggiore spettavano al *General-Stab Quartiermeister*. Seguiva in linea gerarchica il *General Gewaltiger*, direttore del servizio di polizia dello stato maggiore, il quale per la condanna delle eventuali infrazioni commesse dagli appartenenti al *General Stab*, agiva di concerto al *General Auditor* dell'armata.

Infine, fra gli iscritti al *Klein General-Stab*, sono da annoverare il *Feld-Hauptmann* e il *Feld-Lieutenant*, aiutanti del *General Gewaltiger*; i medici per il servizio sanitario - e qualche volta anche i farmacisti - e il capitano delle guide, che in particolar modo sul teatro di guerra ungherese si occupava della raccolta di informazioni e collaborava con il *General Quartiermeister* alla scelta delle strade da percorrere. Ma il gruppo più consistente di ufficiali che appartenevano al *Klein-General Stab* era costituito dal corpo dei *General Adjutant*, il cui numero non era regolamentato da alcuna disposizione e quando era ritenuto insufficiente si distaccavano gli ufficiali dei reggimenti. I *General Adjutant* più anziani erano considerati i maggiori di grado e la loro posizione era ritenuta particolarmente importante. La figura dell'aiutante fungeva da forte polo di attrazione per un gran numero di giovani esponenti dell' aristocrazia, desiderosi di intraprendere il mestiere delle armi agli ordini di qualche famoso capitano e infatti accadeva spesso che da ogni parte d'Europa giungessero aspiranti al grado di aiutante. Durante

▲ La figura del principe Eugenio rivestì importanza fondamentale nella storiografia tedesca almeno fino alla seconda guerra mondiale. Qui vediamo l'esaltazione delle sue gesta in un libro d'avventure di fine 800 intitolato: "der Edle Ritter" (il nobile cavaliere).

The prince's figure Eugene was always fundamental in the German historiography. Here we see the exaltation of his enterprises in a book of XIX cent. entitled: "der Edle Ritter" (the noble rider).

la campagna contro i turchi del 1716, nello stato maggiore del principe Eugenio vi fu anche un figlio del re di Portogallo. Questo incarico costituiva spesso l'unico modo per ottenere l'apprendistato da ufficiale e infatti, non esistendo nei paesi asburgici istituzioni sul tipo di quelle che stavano sorgendo in Francia - ancorché limitate all'artiglieria – più di una generazione di comandanti imperiali iniziò la carriera militare da semplice aiutante. Nel XVII secolo e ancora nei primi decenni del secolo successivo, l'empirismo dominava l'apprendimento, perciò l'insegnamento del mestiere di militare era trasmesso dai capitani ai subordinati, direttamente sul campo. A questo modo l'orientamento dei superiori condizionava fortemente la formazione dei quadri ufficiali, tanto che chi proveniva dai ranghi degli aiutanti era facilmente riconoscibile da quelli arrivati direttamente dai reggimenti. La preparazione degli ufficiali risultava così piuttosto eterogenea e la mancanza di scuole per la preparazione degli ufficiali non permise lo sviluppo delle teorie più moderne sul modo di condurre un'armata. Nella composizione degli Stati Maggiori influiva perciò molto anche il parere del comandante in capo, il quale preferiva certamente avere fra i subordinati uomini di sua fiducia, a volte a discapito della capacità professionale, se non addirittura nominati per rapporti di clientela. Quando gli stati maggiori erano composti solamente da generali dell'esercito degli Asburgo, il parere del comandante era vincolante, ma nell'armata dell'impero - per gli innumerevoli interessi politici in gioco - la composizione degli stati maggiori e del corpo degli aiutanti veniva decisa dalla dieta e questo provocava spiacevoli divergenze. Il caso più eclatante in cui i cattivi rapporti fra i generali venne alla luce, accadde durante la campagna sul Reno del 1703, quando la scarsa intesa fra il margravio di Baden e il conte di Lyimurg-Styrum portò alla dolorosa sconfitta di Schwenningen-Höchstädt.

La grande varietà dei domini asburgici rendeva l'armata imperiale una babele di lingue e culture differenti; l'aristocrazia, l'unica ad accedere ai gradi più alti dello stato maggiore, adottava per le relazioni ufficiali la lingua diplomatica di quel tempo, cioè il francese, mentre la nobiltà ungherese usava anche il latino, che era la lingua politica ufficiale di quel regno. La lingua tedesca, pur continuando a essere usata per impartire gli ordini alle truppe, era confinata ai colloqui privati e informali e del resto lo stesso principe Eugenio non imparò mai a esprimersi correttamente in tedesco. La lingua francese era comunque familiare nell'esercito asburgico per il grande numero di ufficiali lorenesi giunti in Austria al seguito del duca Carlo di Lorena; Nel 1696, nelle armate imperiali sui vari fronti, erano presenti dieci generali lorenesi; i vari generali Herbeville, Vitry, Steinville, Mercy e naturalmente i principi di Vaudemont e Commercy - entrambi appartenenti ai rami cadetti della casa regnante di Lorena - testimoniavano il favore che questa aristocrazia mostrava verso la casa d'Asburgo e del resto la fedeltà e il valore dei lorenesi diventarono proverbiali nell'Austria del XVIII secolo.

Scorrendo i nomi 'stranieri' dei generali imperiali nel 1696, troviamo quattro italiani, un irlandese, un

◄ **La battaglia di Cassano** del 16 agosto 1705, in cui si vede il principe Eugenio che ordina la carica ai suoi. Stampa coeva.

The battle of Cassano of August 16, 1705, in which you may see the prince Eugene that orders the charge at his army. Contemporary print.

► **Mappa della battaglia di Cassano del 1705.**

XVIII cent. map of Cassano battle of 1705.

ungherese e infine anche un francese. Il cardinale Richelieu aveva detto una volta che la Francia non aveva mai combattuto una guerra senza che fra i nemici vi fosse almeno un francese e in effetti, anche stavolta questi non mancarono. Il più importante fra tutti i francesi al servizio dell'Imperatore - e anche colui che raggiunse il grado più elevato -fu il conte Jean Louis de Bussy-Rabutin. Il conte, che ebbe fama di uomo molto erudito e che raccolse in una monumentale opera le sue memorie, era giunto in Austria nel 1683 come volontario nella guerra contro l'Impero Ottomano, spinto in questa scelta dal clima di crociata che si respirava in quegli anni. Nel 1699 ottenne la nominato a colonnello proprietario di un reggimento di dragoni in Ungheria e con quell'incarico combatté contro i turchi fino alla pace di Karlowitz. Nel 1703 venne promosso governatore militare della Transilvania e durante l'insurrezione ungherese conservò la direzione delle operazioni militari fino al 1708. Il conte accumulò una fortuna nei paesi asburgici e morì dopo una lunga malattia nel 1716, dopo aver raggiunto il grado di *Feld-Marschall*. Nello stesso periodo in cui il Bussy-Rabutin otteneva la nomina a governatore, faceva la sua apparizione un altro francese, il conte Claude Alexandre de Bonneval, la cui avventurosa vita merita di essere accennata. Il Bonneval era stato colonnello di un reggimento di fanteria nell'esercito francese, ma nel 1703 - in seguito alle accuse di furto ed estorsione - era stato condannato alla pena capitale, dalla quale riuscì a salvarsi fuggendo a Vienna. Un anno dopo riuscì a entrare nell'esercito imperiale col grado di *Hauptmann* di una compagnia di fanteria fino a che, nel 1713, ottenne il grado di *Feld-Marschall Lieutenant*. La sua nuova carriera sembrava avviata nel migliore dei modi, specialmente dopo che a Peterwardein aveva ricevuto una menzione per il valore dimostrato in combattimento, ma sia a Vienna che nei Paesi Bassi – dove fu inviato nel 1723 - si era lasciato coinvolgere in affari illeciti. Nel 1725 il tribunale militare austriaco lo condannò a morte, ma l'Imperatore gli ridusse la pena a un anno di carcere e all'esilio. Dopo un breve periodo trascorso a Venezia, nel 1728 si recò in Turchia, si convertì all'Islam e per la terza volta intraprese la carriera militare. Bonneval dal sultano ottenne la nomina a pascià e il grado di comandante dell'artiglieria. Il conte-pascià riuscì a conquistare meriti anche presso gli ottomani; combatté contro i Persiani e i Russi e riorganizzò l'artiglieria turca, quella stessa che nella guerra contro l'Imperatore del 1737-39 contribuì alla conquista di Belgrado. Ma i suoi guai non erano finiti, poiché si fece nemico il gran visir e da questi esiliato in Asia Minore. L'incredibile carriera di Bonneval si chiuse a Istanbul nel 1747, dove morì mentre si preparava a rientrare in Europa. Se i francesi costituivano un'eccezione, gli italiani rappresentavano una componente consolidata nell'esercito imperiale e la loro reputazione si era mantenuta alta per merito dei celebri capitani seicenteschi quali Matteo Galasso, Ottavio Piccolomini e Raimondo Montecuccoli. Fu durante la guerra contro gli Ottomani del 1683-99, che si registrò in Austria il maggiore afflusso di nobili italiani. Esortati dal papa Innocenzo XI accorsero in Ungheria centinaia di giovani appartenenti alla nobiltà di tutti i livelli. La provenienza degli italiani si era così estesa al di fuori delle regioni che tradizionalmente avevano fornito ufficiali all'Imperatore; così alla fine del Seicento, accanto a generali di origini lombarde come Visconti, Solari e d'Arco, oppure toscane come Bagni e Rabatta, troviamo il modenese Nigrelli,

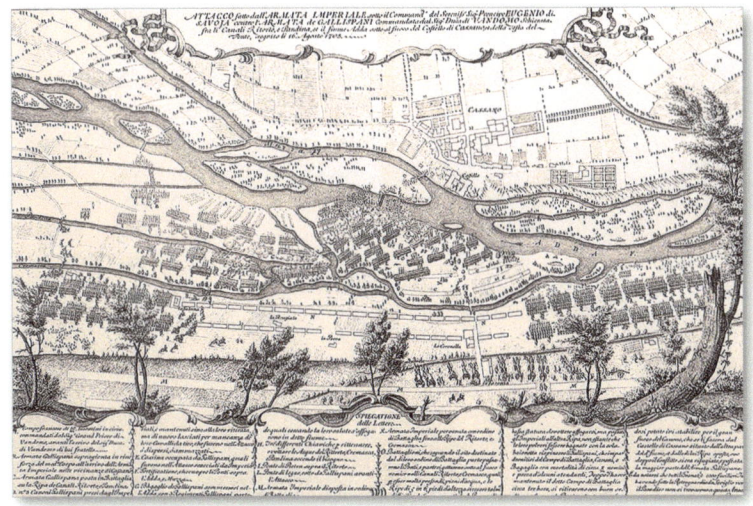

veterano delle guerre d'Ungheria; il bolognese Caprara, valoroso difensore di Peterwardein nel 1694 e vice presidente dello *Hofkriegsrath*; il romano Colonna, apprezzato comandante di cavalleria nelle Fiandre e i napoletani Caraffa, padre e figlio, anch'essi comandanti di cavalleria e celebri per il loro ardente temperamento. Accanto alla variegata compagine di nobili italiani, gli Irlandesi che si trovavano nell'esercito dell'Imperatore erano giunti in Austria "…come creature da un altro mondo" e nella società di quel periodo si trovavano occupati anche in attività di primo piano, quali medici, insegnanti, sacerdoti e finanzieri, che avevano trovato nelle terre degli Asburgo un rifugio dalla persecuzione religiosa. In Austria la loro reputazione di buoni soldati era forse superiore a quella degli italiani. Curiosamente i generali irlandesi erano tutti forniti di alberi genealogici che si perdevano fin nella notte dei tempi. I Browne de Camus, per esempio, affermavano di discendere da un capo tribù vissuto al tempo dell'invasione romana in Britannia (!), ma altri ancora riportavano aneddoti ancora più inverosimili sulla vita dei loro antichi antenati. Ma, al di là di queste stravaganti curiosità, gli irlandesi fornirono all'Imperatore un alto numero di ufficiali e alla fine del regno di Carlo VI furono sette quelli che raggiunsero il grado di *Feld-Marschall*, mente prima della fine del XVIII secolo due di loro arrivarono a ricoprire l'incarico di presidente dello *Hofkriegsrath*. Al confronto degli Italiani e degli Irlandesi, e della loro aurea di esotica aristocrazia, gli Ungheresi apparivano come i cavalieri delle invasioni barbariche. La loro presenza negli stati maggiori era ancora marginale, poiché alla fine del XVII secolo la maggior parte della nobiltà ungherese era apertamente schierata col partito dei malcontenti; inoltre la disciplina tattica degli ungheresi era troppo differente da quella dei tedeschi e per questo la maggior parte di loro restava confinata nella cavalleria semi-regolare. I primi generali ungheresi, quali il barone Ladislav Ebergény – divenuto famoso con le scorrerie nella pianura Padana fra il 170-2 e il 1705 - così come i conti Palffy e Nadàsdy, provenivano dalle file degli ussari, dove avevano servito fin dalle campagne contro La Porta della fine del Seicento. Il conte Janos Palffy fu in assoluto il secondo ungherese a raggiungere il grado di *Feld-Marschall* dell'esercito imperiale e dimostrò grande talento militare e politico durante la ribellione del 1703-1711. Anche dalle province di recente acquisizione, come i Pesi Bassi ex spagnoli, giunsero ufficiali, che inaugurarono in Austria la tradizione vallone-fiamminga, destinata a durare per tutto il XVIII secolo; i principi Leopold di Aremberg e Claude de Ligne, generali di fanteria sotto Carlo VI, furono i primi esponenti di due famiglie destinate a diventare celebri sotto l'imperatrice Maria Teresa. Dalle Fiandre proveniva anche il fastoso conte di Mèrode-Westerloo, ricordato per essere stato generale sia nell'esercito di Filippo d'Angiò che in quello del rivale arciduca Carlo; al termine della guerra di successione spagnola, nonostante il suo temperamento altero, l'Imperatore lo gratificò col grado di capitano dei trabanti della sua guardia e infine divenne *Feld-Marschall* nel 1725. Dalla Svizzera, che aveva fornito diversi reggimenti all'Imperatore già dalla fine del Seicento, era giunto in Austria il generale Johann Bürkly, promosso al grado di *Feldzeugmeister* nel 1713 e incaricato del comando delle guarnigioni dell'Austria anteriore e della Svevia negli ultimi due anni del conflitto per la successione spagnola. Il conte Diesbach, anch'egli colonnello di un reggimento di mercenari svizzeri, seguì la stessa strada del connazionale Bürkly, finché nel 1716 partecipò alla campagna contro i turchi come generale di fanteria a Peterwardein. Molti generali tedeschi provenivano dalle famiglie regnanti dell'Impero, quali le casate di Hannover, di Württemberg e degli Hohenzollern che, nonostante la loro fede luterana, consideravano come assai onorevole servire sotto la bandiera imperiale. Il riavvicinamento dei protestanti nell'esercito imperiale era avvenuto nel corso delle guerre d'Olanda e soprattutto dopo la revoca dell'editto di Nantes da parte di Luigi XIV. Quell'atto politico, destinato a modificare radicalmente l'atteggiamento dei riformati tedeschi nei confronti della Francia, favorì la distensione con la corte di Vienna. Nel corso delle guerre combattute dagli Asburgo, furono molti i nobili protestanti che ricoprirono ruoli di prim'ordine negli stati maggiori imperiali. Il principe ereditario di Hessen-Darmstadt fu viceré della Lombardia e poi di Napoli fino al 1713, mentre la casa di Bayreuth ebbe due *Feld-Marschall*, di cui uno, il margravio Christian Ernst, divenne nel 1707 il primo comandante luterano dell'armata dell'Impero. Appartenere alla grande nobiltà luterana o calvinista era certo un vantaggio, ma anche il Mecklemburghese Borner, comandante in capo del corpo di artiglieria e l'hosteilnese Rewentlau, che combatté sotto il principe Eugenio in Italia, erano protestanti ma nessuno dei due proveniva da illustri famiglie dell'Impero. Anche dai piccoli stati tedeschi giunse un buon numero di ufficiali e in particolare fu l'aristocrazia sveva quella che ebbe più rappresentanti.

Oltre al più volte citato Margravio di Baden-Baden, anche quello di Baden-Durlach assieme ai conti Furstenberg, Truchsess e Rothenfels, occuparono posti di comando nella fanteria e nella cavalleria.

▲ **Wietrich Philipp Lorenz von Daun (1669-1741)**, fra i migliori comandanti imperiali nella guerra contro la Francia del 1701-1714. Prima di essere nominato comandante in capo dell'armata d'Italia, il Daun, fu tra i più fedeli ed efficienti generali agli ordini del principe Eugenio.

Count Wirich Philipp von Daun (1669-1741) was an Austrian Field Marshal in the War of Spanish Succession, and father of the better known Leopold Josef Graf Daun.

Infine, fra i comandanti austriaci, spetta uno posto di rilievo ai conti Stahremberg che, in mezzo secolo di storia, fornirono all'Imperatore ben quattro generali, dei quali uno, il *Feld-Marschall* Guidobald, si rivelò fra i migliori del suo tempo. Il valoroso conte si mise in luce al comando del corpo imperiale in Piemonte, nell'inverno del 1703-04.

Durante i furiosi combattimenti per la difesa della Verrua, Stahremberg combatté con eccezionale accanimento, mostrando un coraggio e un sangue freddo fuori dal comune. Nel 1708 fu nominato comandante in capo dell'armata di Spagna, ma l'esito finale delle campagne nella penisola influì moltissimo sulle spirito del conte.

Il rammarico per aver abbandonato la Catalogna, nonostante il valore dimostrato dalla sua eterogenea armata, unito al ricordo delle privazioni sopportate dai suoi uomini: "...lo resero malinconico e profondamente turbato e ostile all'esercito", fino a declinare l'offerta del principe Eugenio per un comando in Ungheria nel 1716. Un'altro eccellente generale austriaco fu il conte Vietrich von Daun, che diresse l'occupazione del regno di Napoli nel 1707 e l'anno successivo gestì brillantemente la crisi militare fra l'Imperatore e il papa, sorta a seguito dell'occupazione imperiale del Ferrarese. Il Daun fu protagonista di una delle carriere più rapide nella storia dell'esercito imperiale, se si considera che in capo a soli quattro anni da semplice colonnello raggiunse il grado di *Feld-Marschall*. Tutte le nazionalità presenti contribuivano a rafforzare il sentimento 'imperiale' e sovranazionale che, idealmente, avvicinava l'esercito degli Asburgo a quello degli imperatori dell'antica Roma, suggestione particolarmente potente e forte ideale spirituale per tutta la nobiltà di quell'epoca.

L'ESERCITO DELL'IMPERATORE E L'ESERCITO DELL'IMPERO

Con la denominazione 'Esercito Imperiale' si indicava, alla fine del XVII secolo, quell'insieme di contingenti sui quali l'Imperatore esercitava una sua autorità di capo militare assoluto. Erano perciò definite come imperiali sia quei contingenti provenienti dai territori di dominio ereditario degli Asburgo d'Austria, sia quelle reclutate dagli altri stati dell'Impero per la formazione della 'Reichsarmée'. Il mutamento dei rapporti politici verificatosi in seguito alla pace di Westfalia ridimensionò fortemente l'autorità imperiale su questi stati e anche gli affari militari ne risentirono in misura notevole. E'pertanto opportuno d'ora in poi distinguere l'esercito dell'Imperatore da quello dell'Impero.

▼ **La mappa del Nord Italia** ai primi del 700. Questa area fu uno dei principali terreni di scontro dell'esercito imperiale guidato dal principe Eugenio che qui colse l'importante vittoria di Torino.

Merian's map of North Italy during the Eugène Von Savoy campaign of 1705-1706

L'esercito dell'Impero

"Veramente ci vuole una gran pazienza, a comandare tali Armate, composte di gente diversa, di cui non si può disporre, che non hanno i fornimenti necessari, né vettovagliamento regolare, e quindi non si possono adoperare, e far guerra con esse, e non sarebbe da stupirsi se un generale rimanesse finalmente prostrato, dovendosi perdere notte e giorno in tutti i pio minuti dettagli, per non lasciare andare tutto a rovina, e dovendo rimettersi con immensa pazienza, anche nelle

◄ Vista a volo d'uccello della città fortificata di Torino con in primo piano la cittadella. L'eroica resistenza del duca di Savoia permise al cugino Eugenio di giungere in tempo per ottenere la grande vittoria sui franco-spagnoli.

XVIII view of Turin, the capital of Savoy duchy during the strong French siege.

cose più irragionevoli e più dissennate, a questo o a quello, a chi salti in testa di mettervi bocca,e pro libitu, per cosi dire, cosi lasciarsi strapazzare da ogni piccola città...(e Vostra Maestà)...nella Sua alta saviezza tutto conosce ed è persuasa che tutti i disordini, ai quali si è lavorato con tanta diligenza fin dal principio di questa guerra, null'altro possono produrre che confusiones (Sic!) e misure rovinose, e che in un giorno non si può raddrizzare ciò che per tanto tempo fu lasciato nel peggiore stato possibile..."
Queste righe - piene di malumore - scritte nell'estate del 1703, appartenevano al Margravio di Baden, comandante dell'armata dell'Impero sul teatro renano e bene illustra la situazione in cui si trovava la Reichsarmée nei primi anni della guerra di Successione Spagnola. La complessità della conduzione di tutti gli affari all'interno della dieta imperiale si traduceva in una frammentazione dei poteri in tutto l'Impero: le aspirazioni di autonomia dei principi, sommate alla grave crisi economica di tutta la Germania e alla obsolescenza dell'apparato di governo, avevano ormai ridotto questa istituzione all'esercizio di un'autorità poco più che formale. La dieta dell'Impero era "...una palestra dove si esercitavano le ambizioni dei maggiori fra i principi..." e dove tutte le sessioni "...si protraevano in interminabili discussioni, appesantite da una elefantiaca prassi burocratica" Vi erano poi le diete dei circoli, che costituivano un universo ancora più intricato e confuso e dove spesso i rappresentanti degli Stati non partecipavano neppure alle riunioni. I conflitti scatenati da Luigi XIV contro l'Imperatore miravano all'esclusivo scopo di isolare gli Asburgo dal resto della Germania; non si deve dimenticare che lo stesso Luigi si era proposto come candidato all'elezione a Imperatore nel 1658: per la maggior parte degli stati tedeschi le guerre contro la Francia erano un problema che riguardava unicamente gli Asburgo. La divisione in circoli del Sacro Romano Impero era stata istituita da Massimiliano I per scopi specificatamente militari, in seguito all'abolizione dell' antico sistema dello *Heerbanner*, cioè dell'obbligo per i nobili dell'Impero a fornire un contingente feudale. La dieta di Colonia del 1512 fissò i principi generali rimasti in vigore fino alla dissoluzione dell'Impero nel 1804, che prevedevano la riunione dei vari contingenti in un unico corpo armato: la Reichsarmée. La quota stabilita per la formazione dei contingenti era detta *Reichsmatricel* e fino alla Dieta di Worms del 1581 veniva concordata ogni volta una quota differente. Da quella data fino alla metà del XVII secolo fu stabilito un contingente di 20.000 fanti e 4.000 cavalieri, che rappresentavano il contingente 'In Simplum' che doveva essere immediatamente disponibile in caso di guerra; a questo andava ad aggiungersi il contingente 'In Duplum' da costituirsi una volta iniziate le ostilità e un successivo contingente 'In Triplum' in caso del *Turkenhulfe*, ovvero per una campagna di guerra contro La Porta. Alla fine della guerra dei Trent'anni, imposte dal trattato di Westfalia, sopravvennero alcune modifiche che portarono il contingente In Simplum a 12.406 fanti e 2.568 cavalieri. La Dieta di Regensburg del 1669 fece salire la *Reichsmatricel* a 30.000 uomini, finché con l'acuirsi della pressione espansionistica della politica di Luigi XIV, la dieta emise nel 1681 una nuova matricola, per un totale di 28.000 fanti e 12.000 cavalieri. Il contingente in Triplum avrebbe quindi portato la forza dell'esercito dell'Impero a 120.000 uomini. Quest'ultima *Reichsmatricel* fu votata per restare in vigore solo per un periodo di sei anni, ma poi rimase inalterata fino alla metà del secolo successivo.

Nel 1669 la dieta di Regensburg aveva stabilito i contingenti nel modo seguente:

Österreichischer Kreis:	2522	Cavalieri	5507	Fanti *in Simplum*
Kur-rheinischer Kreis	600	"	2707	"
Fränkischer Kreis	980	"	1902	"
Bäyerischer Kreis	800	"	1494	"
Schwäbischer Kreis	1321	"	2707	"
Ober-rheinischer Kreis	491	"	2853	"
Westphälischer Kreis	1321	"	2708	"
Ober-Sächsischer Kreis	1322	"	2707	"
Nieder-Sächsischer Kreis	1322	"	2707	"
Burgundischer Kreis	1321	"	2708	"

L'applicazione della *Reichsmatricel* In Triplum avrebbe quindi consentito la formazione di un'armata di 84.000 fanti e 36.000 cavalieri, inclusi 6.000 dragoni. L'osservanza di questa Matricola da parte degli Stati componenti i circoli fu estremamente diseguale; raramente l'armata dell'Impero fu in grado di mettere assieme più di 50.000 uomini. I maggiori fra i Principi della Germania erano poco disposti ad associare fra loro le proprie truppe; le rivalità politiche, religiose e non ultima la tendenza a mercanteggiare il loro impegno per trarne dei guadagni politici ed economici, costituirono sempre un ostacolo insormontabile per raggiungere l'unità militare. L'elettore di Brandeburgo, ad esempio, non aveva fornito alcun contingente all'Impero già al tempo della guerra dei Trent'anni, riservandosi di applicare la matricola In Simplum, quando ciò gli apportava dei vantaggi politici. Non bisogna poi dimenticare che fino alla guerra d'Olanda (1672-78), l'elettore era stato uno dei più accesi sostenitori della neutralità dell'Impero e del mantenimento della pace con la Francia ad ogni costo. Il Brandeburgo partecipò in seguito ai conflitti contro la Francia, fornendo proprie truppe a noleggio degli altri belligeranti, soprattutto delle Province Unite dei Paesi Bassi. Soldati brandeburghesi combatterono anche contro i Turchi, dal 1683 al 1685 in Ucraina, al soldo del re di Polonia e, nel 1686, 7.000 soldati di fanteria furono noleggiati dall'Imperatore per l'armata d'Ungheria. Con lo scoppio della guerra del Palatinato (1688-97), il principe elettore Federico III fornì a noleggio contingenti anche alla Spagna, al duca di Savoia e all'Inghilterra, mentre: dal 1691 fino alla pace di Carlowitz (1699), altri reparti parteciparono alle campagne contro i Turchi al soldo dell'Imperatore. Dal 1694 infine, un corpo di circa 10.000 uomini raggiunse l'armata dell'Impero sul Reno; questo contingente era stipendiato dal principe elettore e godeva di ampia autonomia rispetto agli altri componenti l'armata, avendo ottenuto dalla Dieta particolari garanzie militari e politiche. Proprio la partecipazione del Brandeburgo a quel conflitto valse al principe elettore il titolo di "re in Prussia", conferitogli dall'Imperatore nel 1700.
Quasi analogo fu il comportamento dell'altro principe elettore luterano dell'Impero, l'Elettore di Sassonia; nel 1697, quando Federico Augusto von Wettin venne eletto al trono di Polonia, l'elettorato si ritrovò coinvolto nelle lotte per la supremazia nell'Europa nord orientale e l'attenzione della sua casa alle vicende dell'Impero si ridusse notevolmente. Nel corso degli anni da noi esaminati vari contingenti sassoni combatterono sul Reno, al soldo straniero, e in Ungheria, dal 1695 fino al 1698, come corpo noleggiato dall'Imperatore contro gli ottomani.
L'atteggiamento dei principi cattolici non fu nella sostanza molto differente: l'elettore di Baviera Maximilian von Wittelsbach, e in misura minore quello del Palatinato, Georg Wilhelm I, mantenevano propri corpi autonomi oppure noleggiavano le loro truppe alle potenze alleate. L'elettorato palatino, che aveva iscritti i suoi territori in tre differenti circoli, forniva ogni anno i contingenti per la Reichsarmée, presentando intere unità ad un determinato circolo, per poi l'anno seguente iscriverle ad un altro. Quando la guerra del 1688-97 infuriò proprio sui territori dell'elettorato, la disastrosa situazione del paese permise ai palatinali solo una modesta partecipazione alle campagne di guerra. A questo stato

di cose andavano a sommarsi anche i casi particolari, come quello del circolo borgognone, formato interamente da territori appartenenti al ramo spagnolo degli Asburgo, con un ordinamento interno differente a quelle degli altri stati dell'Impero. A partire dalla guerra di devoluzione (1667-68) la Spagna aveva inoltre dovuto cedere alla Francia numerose fortezze del Brabante, quindi la Franca Contea e il Lussemburgo, rispettivamente nel 1679 e nel 1684. Questi territori venivano ancora calcolati nella ripartizione delle quote della *Reichsmatricel*, poiché la dieta continuava a riconoscere l'autorità della Spagna su quelle province, nonostante l'occupazione francese. Quasi analogo era il caso del ducato di Bremen e di parte dei territori settentrionali della Pomerania che appartenevano al re di Svezia, ovvero a un paese apertamente ostile all'Imperatore, ma in questo caso la sovranità svedese era stata sancita dalla pace di Westfalia e il monarca disponeva anche di un seggio alla dieta; naturalmente nessun contingente di truppe giunse mai dai quei territori per la'armata dell'Impero.

Altro caso particolare era quello del ducato di Lorena, iscritto al circolo alto-renano, ma che era stato più volte occupato dal Re Sole e infine restituito ai sovrani legittimi con la Pace di Ryswick solo nel 1697. Tuttavia le forti limitazioni politiche imposte dalla Francia avevano praticamente annullato l'autorità del sovrano lorenese sul suo stato.

Da questo state di cose è facile capire come mai l'esercito dell'Impero fosse composto dai contingenti dei più piccoli Stati della Germania e in particolare dai più occidentali, ovvero quelli maggiormente minacciati dall'espansionismo francese. La necessità di disporre di un contingente per la difesa dei loro territori dalle incursioni e dai saccheggi, che erano stati cosi frequenti nelle guerre contro la Francia, aveva indotto i circoli di Svevia e Franconia alla formazione di contingenti associati per la difesa comune. I due circoli, non avendo al loro interno Stati sufficientemente grandi da possedere una forza armata in grado di proteggere i confini, da soli avrebbero formato una forza eterogenea e slegata, che nel caso del circolo svevo sarebbe stata composta da ben novantasette stati differenti. Per queste ragioni nel 1681 Svevia e Franconia formarono un nucleo di truppe permanenti da mantenere per due terzi anche in tempo di pace. I reggimenti furono armati ed equipaggiati nel modo più uniforme possibile e sottoposti a un regolamento comune. Le signorie più grandi si assumevano le quote di reclute di quelle più piccole per ridurre al minimo l'eterogeneità dei reggimenti e queste ultime risarcivano gli altri per gli oneri di arruolamento e mantenimento delle reclute. La gerarchia del corpo ufficiali venne regolata sulla base di quella in uso nell'esercito dell'Imperatore e le promozioni sottoposte ad una regolamentazione più precisa, questi nuovi reggimenti ricevettero il battesimo del fuoco durante la campagna del 1683 contro gli ottomani e combatterono ancora in Ungheria fino al 1688, poi nell'autunno di quell'anno, l'invasione francese del Palatinato li costrinse a ritornare in tutta fretta in Germania. Sul modello dei circoli di Franconia e Svevia, anche i circoli dell'Alto-Reno e quello renano-elettorale, organizzarono i loro contingenti in modo analogo, ma i risultati non furono gli stessi per tutti. Nei primi anni della guerra del Palatinato anche il circolo della Bassa-Sassonia adottò in parte il sistema della ripartizione, dividendo il contingente maggiore fra i tre ducati di Braunschweig. L'organizzazione di comando interna dei circoli, sebbene vi fossero alcune differenze fra loro, avveniva sempre tramite l'elezione di un *Kreis-Directorium* da parte della dieta del circolo. Questo consiglio era formato da un *Kreis-Obrister* (con talvolta un supplente), che aveva le funzioni di direttore militare e quasi sempre era un principe regnante del circolo. Il suo collegio si completava con la nomina di quattro consiglieri, due cattolici e due protestanti in quei circoli dove erano riconosciute entrambe le confessioni. Il *Kreis-Obrister* esercitava inoltre le funzioni di amministratore della cassa di guerra del circolo e col tempo i suoi compiti divennero sempre più esclusivamente amministrativi; contrariamente a quanto ancora avveniva alla fine del XVII secolo, smise di condurre le truppe sul teatro di guerra, compito assunto dal *Kreis-Feld-Marschall*. Alla formazione della cassa di guerra partecipavano i singoli stati del circolo versando una quota per ogni recluta loro assegnata dalla *Reichsmatricel*. Questa tassazione conservava ancora il nome di *Rumer Monate*, termine che nel medioevo indicava le regalie pagate all'Imperatore per i suoi viaggi dal Papa. Già nel XVI secolo le diete generali dell'Impero avevano decretato che in caso di guerra contro gli ottomani, il contingente doveva essere portato al triplo della forza normale. Si rendeva allora necessario costituire in prossimità dei teatri d'operazione dei depositi in denaro per il sostentamento delle

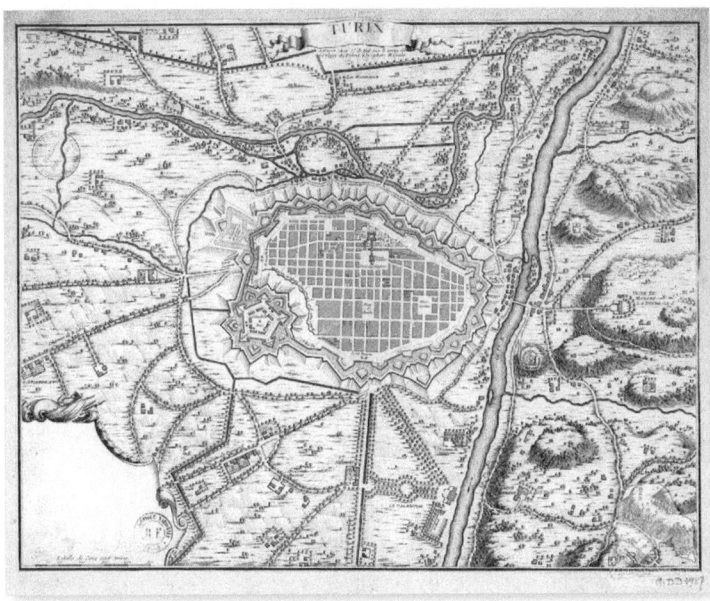

▲ **Mappa della battaglia di Torino.** Collezione dell'autore.
Another map of Turin battle and siege of 1706. Author collection.

truppe; quando poi nel corso del secolo seguente il contingente in Triplum venne richiesto ogni volta che l'Impero si trovava in guerra, questo sistema di finanziamento restò in vigore e pose le basi delle casse di guerra dei circoli. La quota che gli Stati dovevano pagare per le loro reclute era stata fissata dalla dieta di Augsburg del 1530, a 4 Fiorini per il soldato a piedi e a 12 per quello a cavallo. Queste tariffe rimasero invariate per tutto il XVII secolo e solo nel 1664 furono approvate tassazioni supplementari per provvedere con maggiore rapidità all'acquisto dell' equipaggiamento e all'arruolamento delle reclute mancanti. Sul finire del secolo, altri importi furono pagati per provvedere i reggimenti di una farmacia campale e per allestire un servizio sanitario al passo coi tempi. Ma questo e altri servizi logistici lasciavano molto a desiderare: l'approvvigionamento delle truppe e l'organizzazione del treno di provianda dipendevano quasi sempre dagli stati presenti sul teatro d'operazione, questo provocava sempre discussioni fra i circoli e le truppe, ed erano una delle cause, altrimenti incomprensibili, dei tanto frequenti ritardi per l'inizio delle operazioni. L'allestimento delle vetture per il treno era interamente affidato ad appaltatori privati e risultò più volte di scarsissima efficienza. E' singolare constatare che la Reichsarmée non disponeva di artiglieria da campagna o d'assedio, né di personale addetto; i cannoni erano forniti all'armata mediante delibera della dieta generale, la quale ne stabiliva caso per caso l'impiego, garantendo a chi forniva le bocche da fuoco il risarcimento per tutte le spese o danni eventuali. All'assedio di Landau del 1702, ad esempio, l'artiglieria fu fornita dal principe-arcivescovo di Mainz mentre per l'assedio di Ingolstadt del 1704, cannoni e serventi provenivano dall'artiglieria dell'Imperatore.

Le sole bocche da fuoco appartenenti ai circoli erano quelle dell'artiglieria reggimentale, che doveva essere messa in campagna in numero di due pezzi da 3,4 o 6 libbre per ogni reggimento, ma questa disposizione, ribadita più volte dalle diete fu largamente disattesa e soltanto i reggimenti dei circoli francone e svevo misero in campagna i loro battaglioni con l'artiglieria.

Come avveniva nell'esercito dell'Imperatore, all'armata dell'Impero si inviavano uno o più commissari di guerra. La dieta nominava anche un *General Auditor* e un *General Profoss* che dirigevano le questioni giudiziarie. I gradi degli ufficiali comandanti seguivano la stessa scala gerarchica di quelli dell'esercito dell'Imperatore; la ratifica delle promozioni per i gradi dello stato maggiore era sottoposta all'esame della dieta generale o del circolo, a seconda dei casi, mentre le promozioni nei reggimenti avvenivano ancora mediante la nomina del colonnello proprietario e solo eccezionalmente le diete revocarono questo privilegio. La composizione dello stato maggiore dell'armata era solitamente un compito molto delicato e costrinse più di una volta la commissione della dieta generale a un lavoro di settimane. Si aveva molto riguardo che nelle nomine vi fosse equilibrio fra gli ufficiali protestanti e quelli cattolici; inoltre, trattandosi quasi sempre di alti esponenti della nobiltà tedesca, si cercava di non danneggiare o rendere pregiudizievole la posizione di alcuno di loro all'interno dello stato maggiore.

La Dieta generale rinnovava ogni anno la nomina del comandante in capo e stabiliva il contingente da

▲ **Il principe Eugenio** alle prese con complicati passaggi alpini chiede aiuto a guide locali per condurre il più rapidamente possibile l'armata nella pianura padana.

The Prince Eugene asks help to local guides to conduct more quickly the possible the army from the mountains to the lowlands.

▶ **Musketier Gemein e Grenadier Gemein** del reggimento Alt Stahremberg.
Musketier Gemein and Grenadier Gemein of Alt Stahremberg Regiment.

presentare alla armata, contingente che per tutto il periodo da noi esaminato, fu sempre riconfermato in triplum per complessivi 120.000 uomini. Questi compiti dovevano essere svolti dalla dieta tramite un *Kaiserlich-Kriegsrath*, formato da sei consiglieri di entrambe le confessioni e da due *Kriegs Director*, ufficio riservato ai maggiori fra i principi dell'Impero; in sostanza tutti questi consiglieri rappresentavano nella Reichsarmée quello che nell'esercito dell'Imperatore era lo *HofKriegsrath*. Ma a partire dagli anni novanta del XVII secolo gli ultimi due incarichi del *Kaiserlich-Kriegsrath* non erano più ricoperti da alcuno e tutto il consiglio finì progressivamente per perdere importanza. Nel corso della guerra del Palatinato l'esercito dell'Impero rimase quasi abbandonato a se stesso e furono soprattutto i singoli circoli, tramite i *Kreis-Obrister* e i loro commissari, a svolgere il lavoro principale, in collegamento con lo stato maggiore. Anche nel conflitto successivo, la disorganicità logistica fra un circolo e l'altro fu uno dei motivi per cui il trattamento dei soldati in campagna o nei quartieri d'inverno, avvenne in modo diseguale e l'armata giunse sempre sul teatro delle operazioni in uno stato di efficienza approssimativo. Nonostante tutto fu proprio durante la guerra di successione spagnola che la Reichsarmée scrisse le sue ultime pagine degne di nota, nel generale declino in cui versava ormai quell'istituzione.

Negli anni della lunga guerra del 1701-14, se si poté ancora parlare di esercito dell'Impero, fu solo grazie alle capacità e all'ascendente dei comandanti, e al sostegno economico della Gran Bretagna e delle Province Unite dei Paesi Bassi. Infatti, già nei primi due anni di guerra, il circolo svevo si era dovuto rivolgere agli Stati Generali d'Olanda per ottenere il denaro necessario alla mobilitazione del suo contingente.

Il *Kreis-Obrist* del circolo, il duca del Württemberg, nel 1703 dichiarò di poter mettere in campo appena 7.500 uomini, a malapena in grado di coprire i luoghi fortificati sul confine ormai esposto a un'invasione francese. Il circolo alto-renano, altrettanto minacciato da un'invasione nemica, aveva mobilitato circa la metà del suo dispositivo; la situazione politica interna era caotica: il langravio di Hessen-Kassel non aveva fornito alcun contingente, adducendo come pretesto il suo disaccordo con i rappresentanti cattolici del *Kreis-Direcktorium*; il langravio non modificò di una virgola la sua posizione neanche quando parte delle truppe, che aveva noleggiato per le potenze marittime, rientrarono nei suoi territori, propose anzi all'Imperatore stesso di prenderle a noleggio. Il ramo della famiglia di Hessen regnante a Darmstadt, condividendo la protesta dei cugini nei confronti del *Kreis-Direcktorium*, associò il proprio contingente alle truppe del circolo di Westfalia. Alla mobilitazione del contingente di questo circolo partecipò dopo molti anni anche il re di Prussia, il quale - in base al Trattato della Corona - forniva a noleggio dell'Imperatore un corpo di truppe a piedi, 'scontato' di un reggimento mantenuto a sue spese. Ma anche in questo caso molti principi e stati non fornirono alcuna recluta; complessivamente a tutto il 1703, il circolo di Westfalia aveva abilitato soltanto 5.000 uomini. La minaccia di una sconfitta sul Reno non era evidentemente sufficiente a preoccupare i circoli più lontani dal teatro di guerra, dove esistevano situazioni ancora più intricate e paradossali. Nel circolo della Bassa Sassonia ormai da molti anni non veniva neppure riunita la dieta. La rivalità che era sorta fra i duchi di Braunschweig, dopo che la branca di Hannover era stata elevata al rango elettorale, si sommava alle preoccupazioni per la presenza di truppe svedesi nel ducato di Bream. Proprio alla vigilia della guerra di Successione Spagnola, la contesa in seno alla famiglia di Braunschweig giunse ad un passo dal provocare la disintegrazione del circolo. Il duca Rudolph August di Braunschweig-Wolfenbüttel aveva a tal punto spinto l'indignazione verso il neo-elettore di Hannover e l'Imperatore, che si era accordato con Luigi XIV per formare un'alleanza segreta assieme al proprio cognato, il duca di Sachsen-Gotha. Il patto prevedeva l'invio in Francia di 20.000 uomini da arruolarsi nei loro territori, tuttavia il complotto finì per essere scoperto e il 20 maggio 1702, proprio alla vigilia dell'imbarco del primo contingente per la Francia, l'elettore di Hannover e il re di Prussia invasero in piena notte i territori dei due ducati e, senza incontrare molta resistenza, disarmarono la maggior parte delle guarnigioni. Il fratello del duca Rudolph August, il correggente duca Anton Ulrich, si mise al comando del corpo destinato all'imbarco ed era risoluto a battersi piuttosto che arrendersi.

Lo scontro armato fu evitato quasi per miracolo grazie ai buoni uffici del re d'Inghilterra, Guglielmo d'Orange, e dalla maggiore arrendevolezza del duca Rudolph August: tanto alla Francia come alla Svezia sfuggì un occasione irripetibile per dare il colpo finale alla già flebile coesione politica di quelle regioni dell'Impero. Anche nel vicino circolo dell'Alta Sassonia la presenza svedese impediva la regolare riunione della dieta, nonostante che il re di Svezia, Carlo XII, si fosse dichiarato favorevole a una ripresa delle assemblee, accogliendo la proposta conciliativa formulata dall'elettore di Brandeburgo. Il tentativo andò però a vuoto per l'atteggiamento contrario dell'elettore di Sassonia, poco disposto a trattare con un sovrano apertamente avverso alla sua elezione al trono di Polonia. Quando poi la grande guerra del nord (1700-21) spinse la Sassonia-Polonia contro la Svezia, la situazione interna si aggravò ulteriormente e i soli contingenti che giunsero da questo circolo furono rappresentati dai pochi battaglioni e squadroni dei duchi di Sachsen-Weimar e Sachsen-Eisenach, ma disponibili soltanto a partire dalla primavera del 1704. Il circolo elettorale-renano dichiarò, tramite la dieta del 1702, che i propri stati si trovavano ancora duramente segnati dalle devastazioni dell'ultima guerra e rinunciò pertanto alla formazione del contingente, aggiungendo la richiesta di essere esentato dal transito miliare sul territorio. Ad aggravare la situazione c'era poi l'arcivescovo-elettore

▲ **Il conte Siegbert Heister (1646-1718)**, comandante in capo dell'armata d'Ungheria dal 1704 al 1706 e dal 1708 al 1711. Il principe Eugenio lo giudicava un uomo stravagante e quando si offrì come suo "Adlatus", nella campagna contro gli ottomani nel 1716, provocò un certo imbarazzo. A niente valse l'osservazione di Eugenio all'Imperatore, che definì lo Heister ormai vecchio e "Strapaziert" (!). Del conte resta proverbiale la grande energia, che lo tenne al suo posto di comandante fino a poche settimane prima di morire.

The count Siegbert Heister (1646-1718) Commandant of Imperial Army of Hungary.

▶ **Testa di colonna di un reggimento** di fanteria imperiale nei primi anni del XVIII secolo, da un illustrazione di Richard Ottenfeld. Le caratteristiche "moderne" dell'equipaggiamento degli zappatori appaiono ormai definitivamente acquisite.

Imperial infantry regiment in the first years of XVIII cent. Illustration di R. Ottenfeld.

di Colonia, che si era schierato al fianco del Re Sole e questo scoraggiava gli altri stati a fare allontanare le proprie truppe dal paese. Solamente nella primavera dell'anno seguente il circolo fu in grado di mettere in armi un contingente di 3.000 uomini. Simile la situazione nel circolo bavarese, occupato per tre quinti dal "ribelle" elettore di Baviera. Nel circolo la situazione rimase incerta fino al 1704 e per i primi tre anni gli stati rimasti fedeli all'Imperatore non poterono partecipare alle operazioni della Reichsarmée per la vicina minaccia bavarese; l'arcivescovo di Salisburgo dichiarò di non potersi fidare neanche delle proprie truppe, temendo una loro diserzione al campo avversario. Anche per la formazione del contingente del circolo austriaco vi furono problemi. Nel maggio del 1703 l'Imperatore fu costretto ad inviare in Italia una parte dei reggimenti inizialmente destinati sul Reno; ciò nonostante il contingente giunse a un totale di 24.000 uomini, ma il mancato rispetto della quota fissata servì da pretesto per quei principi che non volevano in alcun modo corrispondere la loro parte di reclute. In pratica soltanto il circolo di Franconia fu in grado di mettere in campagna l'intero contingente fin dall'inizio della guerra ed a mantenerlo in buon assetto nei primi difficili anni del conflitto. La prima fase della guerra sul Reno fu contraddistinta da pochi successi militari e da molti rovesci. Eccettuata la riconquista di Landau, l'armata dell'Impero aveva subito una pesante sconfitta nella battaglia di Friedlingen (14 ottobre 1702) ed era stata nuovamente battuta l'anno seguente a Schwenningen-Höchstädt (20 settembre) e quindi sulla Speyerbach (15 novembre). La fortezza di Landau cadde nuovamente in mano ai Francesi, i quali nell'inverno del 1703-1704 poterono svernare con una parte delle loro truppe in Svevia, a Treviri e anche nella Breisgau, dove cadde nelle loro mani anche la fortezza di Alt-Breisach. La saldezza del fronte difensivo non appariva migliore nemmeno più a sud, poiché alla fine del 1703 il Tirolo settentrionale era stato occupato dalle truppe dell'elettore di Baviera e solo la risoluta insurrezione degli abitanti aveva permesso la riconquista di Innsbruck e di tutta la valle dell'Inn. Agli inizi del 1704, il destino della guerra in Germania pareva ormai segnato. L'atteggiamento dei principali stati dell'Impero pareva incomprensibile anche agli alleati; in una lettera del rappresentante olandese alla Dieta di Regensburg del 1704, si legge a proposito: "Ad onta di ogni esortazione, i più dei Principi e Stati...e precisamente i più potenti sono rimasti perfettamente tranquilli, come se la guerra non li riguardasse, e non hanno fornito all'armata dell'Impero il contingente che loro spettava". Nonostante che dal 1704, grazie alla strepitosa vittoria nella seconda battaglia di Höchstädt - cui fece seguito la riconquista di Ulm e Landau - si profilasse la possibilità di recuperare la piena iniziativa sul Reno, le croniche difficoltà economiche e la generale discordia politica regnante nelle diete compromisero in breve tempo i vantaggi di quella favorevole situazione. Nel corso della campagna del 1706 l'armata dell'Impero perse di nuovo il controllo della riva destra del Reno, senza riuscire ad opporsi agli avversari e nonostante i circoli si fossero accordati per la formazione di un contingente di almeno 40.000 uomini. Le truppe raccolte furono invece appena sufficienti a presidiare i luoghi fortificati dell'esteso teatro di guerra; l'infelice esito di quella campagna attirò nuovamente le critiche degli alleati verso gli Stati dell'Impero e ancora una volta il legato olandese poté scrivere: "...le decisioni, per quanto buone siano per se stesse, nulla fruttano se non sono secondate dalla debita execution, perché non si va incontro ai nemici con le Decisioni, ma con soldati e con armi per respingerli.

Dopo la morte del margravio Ludwig di Baden, avvenuta il 4 gennaio 1707, il comando dell'armata passò al margravio Christian Ernst di Branden-burg-Bayreuth Kulmbach. Il nuovo comandante arrivò sicuramente nel momento peggiore. La normale lentezza con la quale i contingenti venivano mobilitati al termine dei quartieri d'inverno, era aggravata dalla mancanza di denaro, che oltre a rallentare ulteriormente la ripresa delle operazioni, produceva diserzioni in gran numero. L'artiglieria non aveva quasi più traino e alla cavalleria mancavano le rimonte. A metà primavera lungo i quasi 70 Km del

teatro di guerra renano erano in assetto solo 16.000 uomini di fanteria e 4.000 di cavalleria; alla fine di maggio la linea trincerata di Stollhofen era tenuta da non più di 8.000 soldati dei circoli di Svevia e Franconia. La debolezza imperiale dette coraggio ai francesi per sferrare l'attacco che li riportò in possesso della riva sinistra del fiume. Il disastro di Stollhofen venne a malapena contenuto dai contingenti che di volta in volta affluirono al fronte e grazie anche al concorso delle potenze marittime, che rinforzarono l'armata dell'Impero con parte delle truppe Sassoni e Palatinali da loro noleggiate per la campagna nelle Fiandre. Lo sfortunato margravio pagò il prezzo di quella disgraziata condotta di guerra con la revoca del comando, al suo posto fu nominato un altro principe protestante, l'elettore Georg Lu-dwig di Hannover. Ma questo importante personaggio rinunciò presto al comando, dopo essersi convinto che ormai le armi dell'Impero non avrebbero potuto opporre ai francesi che una sterile difesa passiva; inoltre si rese ben presto conto che quell'incarico non gli avrebbe giovato neppure politicamente. Il comando dell'armata fu retto dall'energico, ma ormai molto anziano, conte Johann Carl von Thungen. Sotto il suo comando non accaddero sul Reno fatti di particolare rilievo, del resto neanche i francesi erano più in grado di riprendere l'offensiva e l'unico episodio fu il piccolo fatto d'armi del 26 agosto 1709 nei pressi di Rummersheim, dove gli imperiali furono respinti nel tentativo di conquistare una testa di ponte sul fiume per effettuare scorrerie in Alsazia. Un nuovo comandante della Reichsarmée venne nominato nel dicembre del 1709 e la scelta cadde sul conte Franz von Bronkorst-Gronsfeld, dopo che con la morte del conte von Thungen l'armata era rimasta priva anche del suo vice-comandante. Il nuovo comandante aveva prestato servizio nell'esercito dell'Imperatore fin da quando, nel 1692, era divenuto *Obrist-Inhaber* di un reggimento di Corazzieri. Il principe Eugenio e la stessa dieta dell'Impero non avevano molta stima di questo ufficiale, divenuto comandante dell'armata del Reno quasi per caso. Anche il Gronsfeld finì per constatare ben presto la sua inesperienza per quel compito e, dopo poche settimane, chiese che fosse il Principe Eugenio ad assumere il comando delle operazioni sia sul Reno che nelle Fiandre, dove il Savoia si trovava alla direzione dell'armata della Mosella. L'imbarazzante proposta del Gronsfeld non ebbe seguito finché, al termine dell'inconcludente campagna del 1710, il conte fu sollevato dall'incarico. Al suo posto fu nominato uno dei più brillanti generali dell'Impero, fino ad allora osteggiato da una parte della dieta, il duca Eberhard Ludwig von Württemberg.

Questi, che aveva brillantemente combattuto alla seconda battaglia di Höchstädt, era molto esperto nella conduzione degli affari generali di un'armata, avendo ricoperto contemporaneamente le cariche di *Kreis-Obrister, Feld-Marschall* e presidente del *Kreis-Direcktorium* del circolo Svevo. Le sorti della guerra si andavano però delineando: nel 1711 l'Imperatore Giuseppe I moriva in seguito all'epidemia di peste dilagata dall'Ungheria in Austria; il pretendente degli Asburgo al trono di Spagna - l'Arciduca Carlo - succedeva il fratello sul trono imperiale, modificando gli equilibri politici fra gli alleati. L'Inghilterra si ritirò dal conflitto, privando il partito asburgico di uno dei principali sostegni economici per la prosecuzione della guerra. L'armata dell'Impero, non potendo più sostenere da sola il fronte renano, resistette, non senza valore, all'offensiva francese, ma perse nuovamente Landau nell'agosto del 1713 e Freiburg in Breisgau nel novembre dello stesso anno. Questi furono gli ultimi fatti d'arme su quel teatro di guerra; la pace di Rastatt e la successiva ratifica di Baden misero fine al conflitto con la Francia il 7 settembre 1714.

LE TAVOLE UNIFORMOLOGICHE

A1) *Feld-Marschall* **Eugenio Prinz von Savoy, 1704.**
Fonti: Blenheim Palace: dipinto della battaglia di Blenheim Torino: Armeria Reale.
Il pittore Laguerre realizzò una serie di dipinti sugli episodi salienti della battaglia di Blenheim-Höchstädt su indicazione del duca di Marlborough; in uno di questi il principe Eugenio è raffigurato alla testa della cavalleria durante la carica verso Lützingen. Nonostante Laguerre tenda a standardizzare l'abbigliamento dei personaggi, molti dettagli - quali il collare dell'ordine del Toson d'Oro o la sciarpa oro-nera - sono esatti e dimostrano un' aderenza alla realtà maggiore che in altri casi. Il colore del giustacorpo denota la predilezione del principe per l'abbigliamento ricercato e la corazza d'acciaio naturale, alla moda lorenese, sottolinea la sua origine culturale francese. Su una delle corazze appartenute al principe, era incisa sul petto in basso a sinistra un'immagine della Madonna. In qualità di *Feld-Marschall* il principe tiene il bastone di comando, che in quasi tutte le fonti dell'epoca è di fattura molto semplice.

A2) Generale di cavalleria Bernard Ludwig Herzog von Württemberg, 1704.
Fonti: R. Knötel, Handbuch der Uniformkunde e Die Gross Uniformenkunde. Rastatt: Wehrgeschichtliches Museum.
Fra la fine del XVII e l'inizio del XVIII secolo il sentimento anti-francese si fece più forte in tutta la Germania e si tradusse anche nella reazione al fasto e all'abbigliamento ridondante della moda d'oltre

◄ Il principe Massimiliano Emanuele II Elettore di Baviera (1662–1726), qui ritratto con la tipica sciarpa bianco-azzurro bavarese e il bastone da maresciallo. Fu uno dei più fieri e tenaci avversari del principe Eugenio.

Maximilian II Emanuel, Elector of Bavaria (1662–1726). Eugene's patron and mentor during the 1680s and his enemy during the War of the Spanish Succession.

◄◄ Il Banus di Croazia conte Janos Palffy (1663-1741). Fu uno dei migliori comandanti di cavalleria dell'esercito imperiale e mostrò una sensibilità politica non indifferente nell'opera di pacificazione dell' Ungheria, al termine della lunga ribellione del 1703-11. Il Palffy fu il primo ungherese a raggiungere il grado di *Feld-Marschall* nell'esercito imperiale.

The Croatian Banus count Janos Palffy (1663-1741). Was one of the best cavalry commander of Imperial army during the Hungarian rebellion.

Reno. L'assenza di decorazioni sul giustacorpo del duca metteva in risalto la bella brunitura della corazza e la fattura ricercata dei particolari dell'equipaggiamento del suo cavallo. L'adozione di abiti di colore rosso era caratteristico sia degli ufficiali imperiali che di quelli del Württemberg.

A3) Generale Kriegs-Comissär, fine XVII sec.
Fonti: T.Fuchs, Geschichte des europaischen Kriegswesens.
Anche i giustacorpi grigio perla erano molto diffusi fra gli ufficiali e gli altri appartenenti all'esercito dell'Imperatore, Il personaggio qui riprodotto aggiunge alcuni dettagli di qualità al suo abbigliamento, quali le piumette al tricorno e gli stivali con i tacchi rossi. La sciarpa scarlatta sopravvisse nell'abbigliamento militare degli ufficiali austriaci fino agli ultimi anni del XVII secolo.

A4) Generale-Aiutante, fine XVII, inizio XVIII sec.
Fonti: Blenheim tapestry, palazzo di Blenheim.
L' abbigliamento degli ufficiali non si discostava molto da quello civile, nemmeno la spada serviva da indicazione del suo status, poiché in questi anni veniva portata da ogni gentiluomo e del resto quasi tutta la nobiltà si riconosceva nella professione delle armi. Solo la sciarpa con i colori imperiali permette di identificare questo personaggio come un militare.

B1) Picchiere: Reg. zu Fuss Nikolaus Palffy (4), ca.1700
Fonti: R.Knötel, Die Gross Uniformkunde. Graz, Landzeughaus.
La sola documentazione iconografica di un picchiere imperiale di questo periodo. Il suo abbigliamento

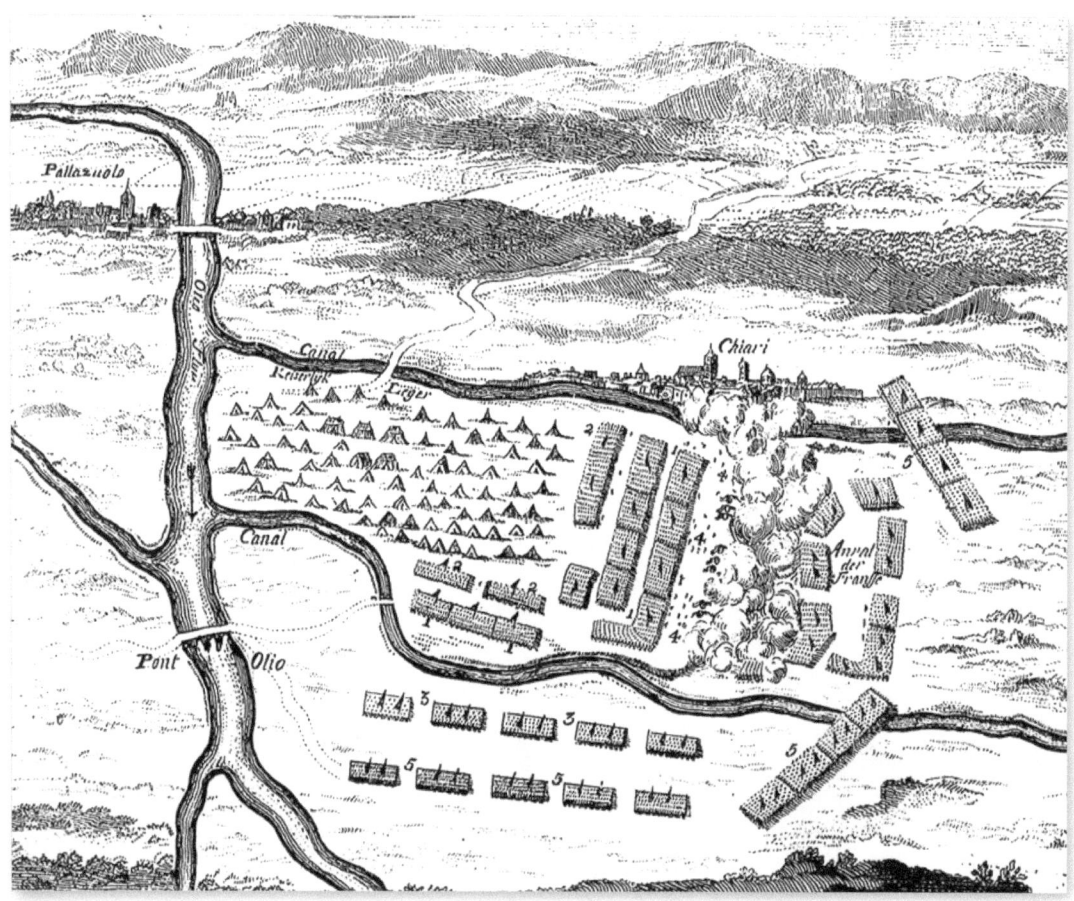

era arricchito da una sciarpa alla vita, con i colori dinastici del colonnello proprietario; l'armamento consisteva anche di una pesante sciabola e una pistola.

B2) Musketier Gemeiner: Reg. zu Fuss Sachsen-Koburg (25) ca 1690.
Fonti:R.Knötel: die Gross Uniformkunde.
L'assenza della baionetta nell'equipaggiamento di questo moschettiere ci indicherebbe che nell'unità vi erano ancora picchieri, ipotesi ulteriormente comprovata dal fatto che, sul finire del XVII secolo, il reggimento si trovava con l'armata del Reno e successivamente in Catalogna, dove - a differenza che sul teatro di guerra ungherese - le picche rimasero in uso alla fanteria fino alla fine del secolo. Trent'anni dopo la cravatta a fiocco di seta nera era indossata ancora dagli ufficiali di questo reggimento, divenuto nel frattempo Browne de Camus.

C1) Grenadier Gemeiner: Reg.t zu Fuss Guttenstein (24), 1699.
Fonti: E.Gzegka, Uniformen der kaiserlichen Infanterie unter Graz: Landzeughaus.
Specialità della fanteria di recente formazione, i granatieri avevano un equipaggiamento non del tutto uniformato e ancora condizionato dagli accorgimenti adottati in compagna da ciascun reggimento.

C2) Musketier Gemeiner: Reg.t zu Fuss Anhalt-Dessau (21), ca 1690.
Fonti: Hummelsberger, Blatter für oesterreichische Heereskunde, A.von Wrede: Geschichte der K.und K. Wehrmacht. Wien: Waffensammlung.
Fino al 1708, in tutta la fanteria imperiale, il colore delle uniformi rimase molto vario; il tessuto più

▲ **Interno di un arsenale austriaco dei primi anni del XVIII secolo.** Notare come assieme a quelle moderne fossero ancora conservate armi offensive e difensive inutilizzate. *View of an Austrian arsenal in the first year of XVIII century.*

◄ **Battaglia di Chiari del primo Settembre 1701.** Una vittoria del Principe Eugenio in Italia nella Guerra di Successione Spagnola *Merian's map of Chiari battle of September 1, 1701.*

comunemente usato dopo il grigio, era il blu e il verde. Anche la veste e i pantaloni in pelle di vitello naturale si indossavano con frequenza verso la fine del Seicento.

D1) Obrist: Reg. zu Fuss Osnabrück (39) 1701.
Fonti: R.Knötel, Die Gross Uniformkunde.
Nei primi anni del Settecento era ancora molto diffusa fra gli ufficiali la moda di indossare un petto di corazza. Quando il principe Eugenio decretò che durante i combattimenti tutti gli ufficiali comandanti montassero a cavallo, quest'arma difensiva cadde rapidamente in disuso.

D2) Musketier Tambour: Reg. zu Fuss Nigrelli (18), 1703.
Fonti: R.Knötel, Die Gross Uniformkunde.
Tutti i musicanti indossavano un giustacorpo/livrea i cui colori erano ispirati al blasone del proprietario. L'arma dei Nigrelli era assai complessa e in pratica solo i colori principali – il rosso e l'azzurro - costituiscono l'elemento distintivo della livrea del musicante.

D3) Musketier Gefreiter: Reg. zu Fuss Nigrelli (18), 1701-02.
Fonti: A.Wrede, Geschichte der K.und K. Wehrmacht.
Normalmente l'uniforme del *Gefreiter* era identica a quella degli altri soldati semplici. In altri casi erano distinti da un gallone colorato al tricorno.

E1) Musketier Feldwebel: Reg.t zu Fuss Württemberg (10), 1703.
Fonti: R.Knötel, Die Gross Uniformkunde.

E2) Musketier Gemeiner: Reg.t zu Fuss Kriechbaun (6), ca.1705.
Fonti: A.Wrede, Geschichte der K.und K. Wehrmacht.

E3) Grenadier Korporal: Reg.t zu Fuss Wallis (21), 1705.
Fonti: 'Exercitus des loblichen General Graf Wallisschen Regiment zu Fuss"
Tre soldati dell'armata d'Italia negli anni cruciali delle battaglie in Piemonte, in Lombardia e in Emilia. Notare il caporale dei Granatieri, che indossa un Rock ispirato alla moda prussiana, evidente anche nella foggia dei paramani.

F1) Hajduck Kapitàn, Hajducken Reg. Andrassy (H3), ca.1703.
Fonti: R.Knötel, Die Gross Uniformkunde.

F2) Musketier Gemeiner: Reg. zu Fuss Königsmark, Niedersächsischer Kreis (NS4), 1690.
Fonti: Soldberg/Belaubre: Les armèe qui combattirent Louis XIV.
Questo reggimento apparteneva alla fanteria del duca di Braunschweig-Lüneburg Celle che lo aveva inviato alla Reichsarmée come quota per il circolo della Bassa Sassonia. Nel corso della campagna del 1690 tutta la fanteria di Celle era equipaggiata con gli Schweinsfedern dei cavalli di Frisia.

G1) Musketier Lieutenant: Reg. zu Fuss Ansbach (F3), 1702
Fonti: K.A.Soden, Nachricht von den Frankischen Kreistruppen...

G2) Grenadier Gemeiner, Reg.t zu Fuss Bayreuth (37), ca 1701.
Fonti: R.Knötel, Die Gross Uniformkunde.
La mitria era il copricapo tradizionale dei Granatieri degli eserciti dei paesi protestanti della Germania. Quando il margravio Ernst di Brandenburg-Bayreuth reclutò questo reggimento per l'Imperatore, abbigliò i soldati secondo questa moda. COLORI: mitra con piastra frontale di feltro nero, doppio gallone bianco e granata fiammeggiante gialla, borsa di stoffa rosso carminio con gallone e nappa gialli.

Rock blu scuro con risvolti alle maniche, colletto e fodera rosso carminio; bottoni ottone. Kamisol e calze rosso carminio, calzoni di pelle di vitello naturale, cravatta bianca. Giberne, fodero della spada e della sciabola in cuoio marrone scuro con guar-nizioni e accessori ottone. Buffetterie in pelle di vitello naturale.

H1) Croater, Croater Bat. Mallenich (Cri) (ca.1704)
Fonti:C.Duffy, The Army of Maria Theresia. E.Wagner, European Weapons and Warfare. J.Durdik, Armes à feu anciennes.
Saggio di ricostruzione dell'uniforme della prima unità di Croati dell'esercito degli Assurgo. Il calcio del moschetto è di una forma tipica dell'Italia centro-meridionale e anche del litorale Adriatico orientale, La storia di questo battaglione si concluse nel 1705, dopo soli tre anni di servizio nell'armata d'Italia.

H2) Croater, Croater Bat. Mallenich (Cri) (ca.1704)
Fonti:C.Duffy, The Army of Maria Theresia. E.Wagner, European Weapons and Warfare. J.Durdik, Armes à feu anciennes.
Vista del pastrano con il caratteristico cappuccio.

H3) Hajduck, Hajducken Reg.t Palffy (H2), ca.1696.
Fonti: Budapest, Museo storico dell'esercito ungherese. R.Knotel, Die Gross Uniformkunde.
Tutti i reggimenti di aiducchi vestivano con *attila* di colore blu-azzurro; il colore differente dei polsini, del colletto e delle pistagne identificava l'unità. Tuttavia verso la fine della campagna d'Italia del 1706, in una nota del commissariato di guerra, si riferiva che i soldati ungheresi avevano adattato i loro *geperneck* (mantelli) con fori per le braccia o addirittura i giustacorpi della fanteria tedesca al posto della loro uniforme tradizionale.

► **"L'olandese" re d'Inghilterra Guglielmo III d'Orange.** Furono le sterline inglesi che finanziarono dal 1705 le campagne militari imperiali durante la guerra di Successione Spagnola.

William III (1650-1702) was a sovereign Prince of Orange by birth. From 1672 he governed as Stadtholder William III of Orange over Holland, Zeeland, Utrecht, Guelders, and Overijssel of the Dutch Republic. From 1689 he reigned as William III over England and Ireland, and as William II over Scotland.

THE COLOUR PLATES

A1) Feld-Marschall Eugene Prinz von Savoy, 1704.
Sources: Blenheim Palace: painting of the Blenheim battle. Turin: Royal armoury.
The painter Laguerre, under the instructions of the Duke of Marlborough, rendered a series of paintings relating to the battle of Blenheim-Höchstädt. In one of the paintings, the prince Eugene is depicted as heading the cavalry charge on Lützingen village. Laguerre had the tendency of standardising all the uniforms of the principal characters and many correct details such as the collar of the order of the Golden Fleece and the gold-black sash, shows a good adherence to reality. The colourful coat denotes the prince's preference for rich and elaborate dress and the polished metal armour, in Lorraine fashion style, underlines his French cultural origin. On one of the prince's armour, there is an image of the Madonna engraved on the breast. As Feld-Marschall the prince held the command staff, which was of a simple design.

A2) General of cavalry Bernard Ludwig Herzog von Württemberg, 1704.
Sources: R.Knötel, Handbuch der Uniformkunde and Die Gross Uniformenkunde. Rastatt: Wehrgeschichtliches Museum.
Between the end of the XVII and the beginning of the XVIII century anti-French feelings was diffused throughout Germany and was also translated to the refusal by the German's to adopt the pomp dress fashions and styles of the French. The absence of decorations on the tunic of the duke meant that the beautiful burnishing of the armour and the high quality manufacturing of the horse equipment was highly visible and prominent. The adoption of a special red colour was characteristic of both the imperial officers and the Württemberg house.

A3) General Kriegs-Comissär, late XVII cen.
Sources: T.Fuchs, Geschichte des europaischen Kriegswesens.
The pearl grey tunics were vastly diffused between both the officers and the soldiers in the army of the emperor. This General-Comissar has added some quality features to his dress such as the plumes on his hat and the red heels of his boots. The scarlet sash survived in the military style of the Austrian officers up to end of the XVII century.

A4) General-assistant, late XVII, beginning XVIII cen.
Sources: Blenheim tapestry, building of Blenheim.
The clothing of the officers was not very different to that of the civilians. The sword does not even point out his status, since in this era these types of weapons were also carried by every gentleman. Only the sash with the imperial colours identifies this person as a military soldier.

B1) Pikeman: Reg. zu Fuss Nikolaus Palffy (4), about 1700
Sources: R.Knötel, Die Gross Uniformkunde. Graz, Landzeughaus.
The only iconographic documentation of an imperial pikeman of this period. His clothing is enriched by the sash around his waist, with the dynastic colours of the proprietary colonel. His armour also consists of a heavy sabre and a gun.

B2) Musketier Gemeiner: Reg. zu Fuss Sachsen-Koburg (25) about 1690.
Sources: R.Knötel: die Gross Uniformkunde.
The absence of the bayonet in the equipment of this musketeer was due to the presence of pikemen in this unit. This hypothesis was subsequently proven by the fact that, towards the end of the XVII century, the regiment of the Rhine army and subsequently in Cataluña, where the pikes remained in use with the infantry until the end of the century. Thirty years after, the black silk bowtie was still worn by the officers of this regiment, and then became the Browne de Camus rgmt.

▶ **La battaglia di Luzzara** combattuta il 15 agosto 1702; una battaglia dall'esito inconcludente fra il principe Eugenio e il maresciallo Vendome.

The Battle of Luzzara was a battle of the War of the Spanish Succession, which was fought on 15 August 1702 near Luzzara in Emilia, North Italy.

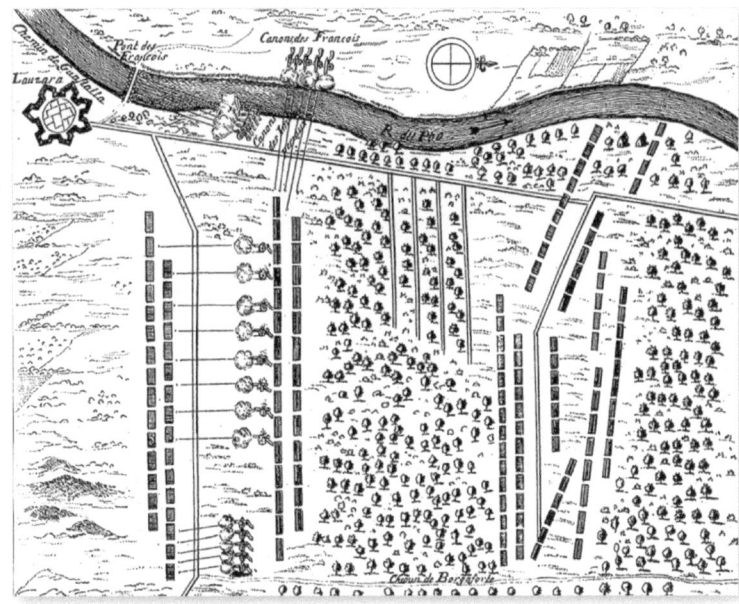

C1) Grenadier Gemeiner: Reg.t zu Fuss Guttenstein (24), 1699.
Sources: E.Gzegka, Uniformen der kaiserlichen Infanterie unter Graz: Landzeughaus.
The Grenadiers were a recent introduction into the infantry and they did not have an entirely conforming equipment. They were still conditioned by the systems adopted in companion by every regiment.

C2) Musketier Gemeiner: Reg.t zu Fuss Anhalt-Dessau (21), ca 1690.
Sources: Hummelsberger, Blatter für oesterreichische Heereskunde, A.von Wrede: Geschichte der K.und K. Wehrmacht. Wien: Waffensammlung.
Until 1708, the colours of the uniform of the whole imperial infantry, were sundry. The textile used more often after the grey was blues and greens. Also the dress and pants made from natural skin were frequently worn until the end of the XVII century.

D1) Obrist: Reg. zu Fuss Osnabrück (39) 1701.
Sources: R.Knötel, Die Gross Uniformkunde.
In the first years of the XVIII century, it was still very popular amongst the officers to wear a breast armour. When the prince Eugene decreed that during the fights all the official commanders fought on horse, this defensive weapon fell speedily into disuse.

D2) Musketier Drummer: Reg. zu Fuss Nigrelli (18), 1703.
Sources: R.Knotel, Die Gross Uniformkunde.
All the musicians wore a tunic/livery whose colours were inspired by the coat of arms of colonel proprietary. The coat of arms of the Nigrelli house was really complicated and in practice only the principal colours: the red and blue were used, and this constituted the distinctive element of the livery of this musician.

D3) Musketier Gefreiter: Reg. zu Fuss Nigrelli (18), 1701-02.
Sources: A.Wrede, Geschichte der K.und K. Wehrmacht.
Normally the uniform of the Gefreiter was identical to that of the other common soldiers. In other cases they were differentiated with the use of a colored braid to the hat.

E1) Musketier Feldwebel (NCO): Reg.t zu Fuss Württemberg (10), 1703.
Sources: R.Knötel, Die Gross Uniformkunde.

E2) Musketier Gemeiner: Reg.t zu Fuss Kriechbaun (6), ca.1705.
Sources: A.Wrede, Geschichte der K.und K. Wehrmacht.

E3) Grenadier Korporal: Reg.t zu Fuss Wallis (21), 1705.
Sources: 'Exercitus des loblichen General Graf Wallisschen Regiment zu Fuss"
Three soldiers of the Imperial army of Italy in the crucial years of the battles in Piedmont, Lombardy and Emilia. Note the Grenadiers corporal with a tunic dress inspired by the Prussian fashion, evident also in the design of the cuffs.

F1) Hajduck Kapitàn, Hajducken Reg. Andrassy (H3), ca.1703.
Sources: R.Knötel, Die Gross Uniformkunde.

F2) Musketier Gemeiner: Reg. zu Fuss Königsmark, Niedersächsischer Kreis (NS4), 1690.
Sources: Soldberg / Belaubre: Les armèe here combattirent Louis XIV.
This regiment belonged to the infantry of the duke of Braunschweig-Lüneburg-Celle were sent to the Reichsarmée as it rates for the Low Saxony circle. During the campaign of 1690, all the Celle infantry were equipped with the Schweinsfederns of the Frisia horses.

G1) Musketier Lieutenant: Reg. zu Fuss Ansbach (F3), 1702
Sources: K.A.Soden, Nachricht von den Frankischen Kreistruppen...

G2) Grenadier Gemeiner, Reg.t zu Fuss Bayreuth (37), 1701.
Sources: R.Knötel, Die Gross Uniforfmkunde.
The mitre was the traditional headdress of the Grenadiers of the

◄ **Leopoldo I Ignazio Giuseppe Baldassarre Feliciano d'Asburgo** (Vienna, 9 giugno 1640 – Vienna, 5 maggio 1705) Imperatore del Sacro Romano Impero dal 1658 alla morte.

Leopold Ignaz Joseph Balthasar Felician; 9 June 1640 – 5 May 1705), Holy Roman Emperor, King of Hungary and King of Bohemia.

▶ **Il palazzo di Versailles.** Sede del re di Francia e della sua corte. Stampa coeva.

The Palace of Versailles, was the de facto capital of the kingdom of France for over a century, from 1682 to 1789.

army of the Protestant countries of Germany. When the margrave Ernst of Brandenburg-Bayreuth recruited this regiment for the emperor, he adorned the soldiers according to this fashion. Colours: mitre with front plate of black felt, double white braid and yellow flaming broom, purse of red carmine cloth with braid and yellow tassel. Dark blue Rock (Tunic) with lapels to the sleeves, red carmine collar and lining, and brass buttons. Red carmine Camisole and stockings, pants of natural skin, white tie. Cartridge pouch, sheath of the sword and the sabre in dark brown leather with gaskets and brass accessories. Buffeter in natural skin.

H1) Croater, Croater Bat. Mallenich (Cri) (about 1704)
Sources: C.Duffy, The Army of Maria Theresa. E.Wagner, European Weapons and Warfare. J.Durdik, Armes à feu anciennes.
Reconstruction of the uniform of the first unit of Croatians of the Imperial Army. The calcium of the musket is of a typical form of central - southern Italy. The history of this battalion concluded in 1705, after a three year service in the Imperial army of Italy.

H2) Croater, Croater Bat. Mallenich (Cri) (about1704)
Sources: C.Duffy, The Army of Maria Theresa. E.Wagner, European Weapons and Warfare. J.Durdik, Armes à feu anciennes.
View of the overcoat with the characteristic hood.

H3) Hajduck, Hajducken Reg.t Palffy (H2), about 1696.
Sources: Budapest, historical Museum of the Hungarian army. R.Knotel, Die Gross Uniformkunde.
All the regiments of aiducchi dressed with attila of blue-pale blue colour; the colour of the cuffs, collar and lining was different and related to the colour of their units. Nevertheless toward the end of the 1706 campaign in Italy, a memorial of the war commissariat, made reference to the fact that the Hungarian soldiers had modified their gepernecks (mantles) with holes for their arms or substitute their traditional uniforms with the tunic dress of the German infantry.

BIBLIOGRAFIA ESSENZIALE:

Bibliografia Principale:

- K.U.K Kriegsarchiv. Feldzuge des Prinzen Eugen von Savoyen: vol. 1-17Vienna 1876 (Trad. Ufficio Storico del Regio Esercito; Torino 1898-99).
- Belaubre,Jean/Goldberg,Klaus Peter: Les armée qui combattirent Louis XIV.
- Bezzel Oskar: Geschichte der kur pfalzischen Heeres . LTR Bad Honnef 1983.
- Czegka,Eduard: Uniformen der Kaiserlichen Infanterie unter Prinz Eugen; Heereskunder, 1933.
- Elster Otto: Geschichte der stehenden Truppen in Herzogtum Braunschweig-wolfenbuttel; vol 1:1600-1714; LTR. Bad Honnef 1982.
- Harder Hans-Joachin: Militar geschichtichles Handbuch Baden-Württemberg; W.Kohlhammer, Stuttgart 1987.
- Hummelsberger,Walter: Zu Bewaffnung und Ausrustung sowie Verpflegung und versorgung der Kaiserlichen um 1686"; Vienna 1987.
- Krenn Peter et al.: Die Handfeuerwaffen des osterreichischen Soldaten: Landzeughaus am Landessmus. J.Graz 1985.
- Knötel Richard: Die Gross Uniformkunde; Rathenow, 1900
- Nell Alfred: Die Fahnen des osterreichischen Soldaten in Wandel der Zeiten; Bergland, Wien 1962.
- Nemetz Walter: Der Zeitstil in der Tracht des Fussvolks unter Prinz Eugen. 1950.
- Peeters Bruno: De ronseling van recruten voor der nationale regimenten in de Oostenrijnkse Nederlanden; in Revue Belgique d'Histoire Militaire; 1984.
- Regal Maximilian: Reglement uber ein Kaiserlich Regiment zu Fuss. Dresden 1739
- Soden Karl August von: Nachricht von den Frankischen Kreistruppen neben einem Anhang von den Schwabischen Kreisregimentern; Norimberga 1782
- Sorando Muzas Luois: Las banderas del archiduque Carlos, 1704-14; in Dragona, 1992
- Ottenfeldf R.: Die Oesterreichische Armee,1700-1867; Wien 1895 (Aka. Druck,Graz 1971).
- Tessin Georg: Der Regim.der europaischen Staaten il Ancien Regime des XVI bis XVIII Jh. Osnabrück 1986.
- Thurheim Andrea von: Gedenkt Blatter der K.und K.Infanterie Regimenter,Wien 1882.
- Wrede Alphons von: Geschichte der K.und K. Wehrmacht; vol.1-5; Vienna 1898-1905.

Biografie e Saggi su Eugenio di Savoia:

- Broucet Peter et al.: Prinz Eugen,Feldzuge und Heersesen; Deuticke, Vienna 1984.
- Hoffmann Otto: Prinz Eugen, der edle Ritter R.Thienesmanns; Stuttgart (s.d.).
- McKay Derek: Prinz Eugen von Savoyen; Styria, Graz 1985.
- Oppenheimer W.: Prinz Eugen von Savoyen; Baj Verlag Georg D.W.Callwey, Monaco 1979 (Ed. Nuova, 1981).
- Parri Ettore: Eugenio e Vittorio Amedeo di Savoia nella guerra di successione spagnola; Roma 1888.
- Rebahm Fritz : Die General des Prinzen Eugen; Bundesverlag, Vienna1986.
- Ilio Jori: Eugenio di Savoia. Torino 1941.
- Franz Herre: Eugenio di Savoia il condottiero, lo statista, l'uomo. Garzanti 2005.
- Bethouard Antoine: Eugene de Savoie. Parigi 1975.
- Henderson Nicholas: Prinz Eugen Der Edle Ritter. Monaco 1978.
- Braubach Max: Prinz Eugen von Savoyen 5 vol. Vienna 1963-65
- Piero Pieri: Principe Eugenio di Savoia. La campagna d'Italia del 1706. Roma 1936
- Paoletti Ciro e Pentimalli Nicola: Il Principe Eugenio di Savoia, Roma 2001.

Sulla guerra di successione spagnola:

- Chandler David: Marlborough as Military Commander. Spellmount Publishers 2003
- Frey Linda :The Treaties of the War of the Spanish Succession. Westport: Greenwood Press 1995.
- Hattendorf John: England in the War of the Spanish Succession. New York: Garland 1987.
- Jongste Jan A.F. de, and Augustuus J. Veenendaal, Jr. Anthonie Heinsius and The Dutch Republic 1688–1720: Politics, War, and Finance. Institute of Netherlands History (2002).
- Lynn John: The Wars of Louis XIV, 1667-1714. New York: Longman 1999.
- Mckay Derek: The Rise of the Great Powers, 1648-1815. New York: Longman 1983.
- Ostwald Jamel: Vauban under Siege: Engineering Efficiency and Martial Vigor in the War of the Spanish Succession. Boston: Brill Academic Publishers 2006.
- Symcox Geoffrey: War, Diplomacy, and Imperialism, 1618-1763. New York: Harper Torchbooks 1973.
- Tombs Robert: That Sweet Enemy. New York: Knopf 2007.
- Veenendaal, A. J., Briefwisselling van Anthonie Heinsius, 1702–1720. 19 volumes. Instituut voor Nederlandse Geschiedenis (1976–2001).
- Wolf, John B. The Emergence of the Great Powers: 1685–1715. Harper & Row, (1962).
- Verdoglia Franco: La guerra di successione spagnola (1701-1715).

Fonti documentarie generali:

- Arndt Jurgen: Wappen und Flaggen des Deutschen Reiches. Harenberg, Dortmund 1979.
- Asztales Miklos: A Màgyar Tortenelem; Budapest 1870 (Milano 1937).
- Balasz,Gyorqy: The Magyars; Corvina, Budapest 1989.
- Barnett Correlli:Marlborough; Eyre Methuen Ltd, London 1974.
- Winston Churchill: Marlborough la vita e i tempi del duca di ferro. Mondadori 1973.
- Boccia Lionello: Dizionari terminologici: armi difensive dal medioevo all'età moderna Firenze 1982.
- Bory Jean Renè: Les Suisse au service etranger et leur musee; Nyon 1965.
- Chandler David: The Art of Warfare in the Age of Marlborough; Batsford,London 1976.
- Di Crollalanza G.: Diz.storico-blasonico delle famiglie nobili e notabili italiane, estinte e fiorenti; Forni Bologna 1986.
- Droysen Gustav: Allgemeine Historischer Handatlas; Leipzig 1886.
- Duffy Christopher: The Army of Maria Theresa; David h. Charles, Vancouver 1977.
- Durdik Jan et al.: Armes a feu anciennes; Grund, Paris 1984.
- Fuchs Theodor: Geschichte des europahischen Kriegswesens. Vienna1986.
- Goldberg C.P.: Bemalungsangaben fur die Zeit des Spanischen Erbfolgekrieges 1701-14; Siegbert Hannover-1982.
- Holcik Stefan: Kronungfeierlichkeiten in Pressburg/Bratislava 1563-1830; Tatran, Bratislava 1988.
- Jany Curt: Geschichte der Preussische Armee;vol.l-5; Berlin 1928-33.
- Knotel,R./Sieg,H.: Handbuch der Uniformkunde; Schulz, Hasburg 1971.
- Luraghi Raimondo (a cura di): Le opere di Raimondo Montecuccoli, Vol.1-2; Stato Magg. dell'Esercito, Roma 1988.
- Muller Christian: Hortus Bellicus. Der Dreissigjahrige Krieg; Leipzig 1985.
- Munich Friedrich: Geschichte der Entwicklung der bayerischen Armee seit zwey Jahrhunderten; Monaco1864
- MusciareIli Letterio: Dizionario delle Armi; Mondadori, Milano 1978.
- Payer Gustav: Armati Hungarorum; Koerosi Csoma Sandor, Monaco 1990.
- Parker Geoffrey: "il soldato"; in L'uomo barocco, di Rosario Villari; Laterza, Bari 1991.
- Schuster O./Francke F.A.: Geschichte der Sachsischen Armee; Leipzig 1885.

TITOLI PUBBLICATI - ALREADY PUBLISHING

WWW.SOLDIERSHOP.COM WWW.BOOKMOON.COM

www.ingramcontent.com/pod-product-compliance
Lightning Source LLC
LaVergne TN
LVHW070446070526
838199LV00037B/706